广东文化贸易竞争力研究

罗　艳　著

北京工业大学出版社

图书在版编目（CIP）数据

广东文化贸易竞争力研究 / 罗艳著. -- 北京 : 北京工业大学出版社, 2024.10（2024.11 重印）. -- ISBN 978-7-5639-8680-4

Ⅰ. G127.65

中国国家版本馆 CIP 数据核字第 20249A44J0 号

广东文化贸易竞争力研究

GUANGDONG WENHUA MAOYI JINGZHENGLI YANJIU

著　　者： 罗　艳
责任编辑： 孙　勃
封面设计： 红杉林文化
出版发行： 北京工业大学出版社
（北京市朝阳区平乐园 100 号　邮编：100124）
010-67391722（传真）bgdcbs@sina. com
经销单位： 全国各地新华书店
承印单位： 北京虎彩文化传播有限公司
开　　本： 710 毫米 ×1000 毫米　1/16
印　　张： 11
字　　数： 202 千字
版　　次： 2024 年 10 月第 1 版
印　　次： 2024 年 11 月第 2 次印刷
标准书号： ISBN 978-7-5639-8680-4
定　　价： 68.00 元

前言

在全球化进程中，文化贸易以其独特的魅力和无尽的潜力，已逐渐成为国际交流与合作的新领域。自20世纪90年代以来，随着全球各国、各地区对文化产业的重视以及互联网等高科技技术在文化领域的广泛应用，文化贸易迎来了繁荣的时期，文化产业得到了广泛的重视，人们逐渐认识到它是促进经济增长和提供就业机会的重要推动力。电影、音乐、艺术、游戏、动漫、出版等文化领域的产业链不断扩大，为文化贸易提供了丰富多样的产品和服务，文化产品的国际贸易额呈几何级数增长。文化贸易不但有较高的附加值，而且由于文化的特殊价值有利于国家形象的提升，展现了经济上和文化上的双重意义，在真正意义上体现了一个国家的竞争力。其实，发展对外文化贸易同样是我国提升国家文化软实力、增强中华文化影响力和竞争力的重要方式。国务院于2014年发布《国务院关于加快发展对外文化贸易的意见》（国发〔2014〕13号），提出的“加快发展传统文化产业和新兴文化产业，扩大文化产品和服务出口，加大文化领域对外投资，力争到2020年，培育一批具有国际竞争力的外向型文化企业，形成一批具有核心竞争力的文化产品，打造一批具有国际影响力的文化品牌，搭建若干具有较强辐射力的国际文化交易平台，使核心文化产品和服务贸易逆差状况得以扭转，对外文化贸易额在对外贸易总额中的比重大幅提高，我国文化产品和服务在国际市场的份额进一步扩大，我国文化整体实力和竞争力显著提升”的发展目标已经如期实现。在国家文化贸易良好发展的基础上，商务部等27部门于2022年7月联合印发《关于推进对外文化贸易高质量发展的意见》（商服贸发〔2022〕102号），指出“以习近平新时代中国特色社会主义思想为指导，全面贯彻党的十九大和十九届历次全会精神，立足新发展阶段，完整、准确、全面贯彻新发展理念，加快构建新发展格局，以推进对外文化贸易高质量发展为主题，着力加强顶层设计和统筹协调，着力推动体制机制改革和内容形式创新，着力促进文化贸易规模增长和结构优化，增强我国文化产品和服务的国际竞争力，向世界阐释推介更多中华优秀文化，提升国家文化软实力和中华文化影响力”。国家多重政策的发布体现了对文化贸易的重视程度。在大力发展文化贸易的过程中，广东以其丰富的文化资源和开放的经济环境，表现出了显著的竞争优势。2021 年的统计数据显示，广东文化产业增加值连续 19 年位居全国第一，文化产品出口额居全国前列。在实现中华民族伟大复兴的战略全局和世界百年未有之大变局的背景下，广东在推动文化产业高质量发展、提升文化贸易竞争力等方面发挥了积极作用，为增强中国文化的国际影响力做出了贡献。

本书旨在深度剖析广东文化贸易的内涵、发展现状，对国内外竞争力进行比较、并对竞争力进行实证分析等，以期为广东乃至中国的文化贸易竞争力提升提供理论支持和实践指导。首先，本书定义并探讨了文化贸易及其竞争力的内涵和理论基础，从而让读者建立起理解和分析广东文化贸易的理论框架。其次，本书对广东文化贸易竞争力的发展阶段、现状和存在的问题进行了详尽的分析，揭示广东文化贸易在国内外环境中的实际运作和面临的挑战。再次，本书通过将广东文化贸易竞争力与浙江、江苏、上海、北京四个国内地区的文化贸易竞争力进行比较，同时将其与美国、英国、日本、韩国四个国家的文化贸易竞争力进行比较，分别得出了广东文化贸易竞争力在国内、国际的相对排名情况。同时，基于全球视角，借鉴国际上文化贸易的成功经验，深入研究可被广东借鉴的实践经验，以提升其文化贸易竞争力。最后，通过对广东文化贸易竞争力全面的、系统的研究，提出广东文化贸易竞争力发展的路径与对策，为广东文化产业与贸易的高质量发展献策献力，助力提升我国文化贸易竞争力，弘扬中华优秀文化。著者期待通过本书，激发更多学者的研究热情，引发更深入的学术讨论，推动广东乃至我国的文化贸易向前迈进。

著者

目　录

第一章　导论

第一节　研究背景与意义

一、研究背景

1. 文化是国家重要的软实力

习近平总书记在党的十九大报告中指出："文化是一个国家、一个民族的灵魂。文化兴国运兴，文化强民族强。"中国共产党对于文化的高度重视在建党之初就已经开始，并且始终以充沛的文化自觉指导着中国革命与建设的发展。1943 年 5 月 15 日，由共产国际执行委员会主席团做出的《关于提议解散共产国际的决定》中有一段话，"中国共产党人是我们民族一切文化、思想、道德的最优秀传统的继承者，把这一切优秀传统看成和自己血肉相连的东西，而且将继续发扬光大"。党的十八大以来，习近平总书记高度重视文化建设，坚持以人民为中心的工作导向，举旗帜、聚民心、育新人、兴文化、展形象，牢牢掌握意识形态工作领导权，建设具有强大凝聚力和引领力的社会主义意识形态，建设社会主义文化强国，激发全民族文化创新创造的活力，更好构筑中国精神、中国价值、中国力量。习近平总书记在党的二十大报告中指出："全面建设社会主义现代化国家，必须坚持中国特色社会主义文化发展道路，增强文化自信，围绕举旗帜、聚民心、育新人、兴文化、展形象建设社会主义文化强国，发展面向现代化、面向世界、面向未来，民族的、科学的、大众的社会主义文化，激发全民族文化创新创造活力，增强实现中华民族伟大复兴的精神力量。"习近平总书记在 2023 年 6 月 2 日的文化传承发展座谈会上强调，在新的起点上继续推动文化繁荣、建设文化强国、建设中华民族现代文明，是我们在新时代新的文化使命。要坚定文化自信、担当使命、奋发有为，共同努力创造属于我们这个时代的新文化，建设中华民族现代文明。我们要坚持马克思主义在意识形态领域指导地位的根本制度，坚持为人民服务、为社会主义服务，坚持百花齐放、百家争鸣，坚持创造性转化、创新性发展，以社会主义核心价值观为引领，发展社会主义先进文化，弘扬革命文化，传承中华优秀传统文化，满足人民日益增长的精神文化需求，巩固全党全国各族人民团结奋斗的共同思想基础，不断提升国家文化软实力和中华文化影响力。

2. 世界各国都重视文化贸易发展

文化贸易是国际贸易不可或缺的一部分，但真正被作为重点问题引起广泛关注是在“文化产业”的概念被确立之后（Akbar Marvasti，1994）。发达国家首先提出的是“创意产业”的概念，以英国政府为先，在 1997 年就已经设立了“创意产业特别工作组”，并在 1998 年和 2001 年分别提交的《创意产业路径文件》中阐述了创意产业的内涵、分类以及发展战略和意义（周升起、兰珍先，2012）。

于是，世界各国逐步提高这一产业在本国的地位，将最具活力与增长潜力的创意产业发展当作经济发展的重中之重。由于文化和创意的不可分割，以及大众对创意内涵理解的不同，创意产业在许多国家及学术界被称为“创意文化产业”“内容产业”或“文化产业”（隋新、张永庆，2008）。在中国，就将其定义为“文化产业”，并且着重强调“创意”在整个产业中所发挥的作用。

文化产业被称为 21 世纪的“朝阳产业”，是各个国家努力发展的战略产业，它的发展对改善和提高国家“软实力”具有推动作用。文化产品兼具经济和文化双重属性，是经过市场包装和筛选过的文化商品化的表现。文化贸易与一般的货物贸易相比，优越性明显：一是能够促进国家出口的增长；二是文化贸易所获取的利益并不明显，不容易引发国际纠纷；三是对于提升国家文化的整体实力和竞争力有很大的帮助（刘慧、綦建红，2014）。因此，经济与文化相融合的趋势使得文化贸易在国际贸易的发展中处于重要地位。

3. 我国文化产业和贸易蓬勃发展

随着我国居民消费水平的提升及国家对文化产业的重视，我国文化产业发展迅猛，规模不断扩大。2022 年，我国规模以上文化及相关产业企业营业收入达 12.18 万亿，约占我国 GDP（Gross Domestic Product，国内生产总值）的 1/10。同时，我国的文化企业数量也在持续增加，创造了越来越多的商业价值和社会价值。我国与其他国家和地区之间的文化贸易迅速发展，并在全球贸易中表现出其重要地位。相应地，我国文化贸易增速迅猛。2022 年，我国对外文化贸易额超过 2 200 亿美元，同比增长约 11%，其中文化产品进出口额为 1 803 亿美元，文化服务进出口额为 414 亿美元。我国文化产品进出口规模多年居世界第一位，我国的出版物、电视剧、游戏、动漫，以及设计服务、广告服务和版权许可，越来越受到世界其他国家和地区企业与居民的喜爱。2022 年 7 月商务部等 27 部门发布了《关于推进对外文化贸易高质量发展的意见》（以下简称《意见》）（商服贸发〔2022〕102 号），围绕深化文化领域改革开放、激活创新发展新动能、激发市场主体发展活力、拓展合作渠道网络、加强组织保障等方面，提出了积极探索高水平开放路径、大力发展数字文化贸易、健全文化贸易合作机制、提升便利化水平等 28 项具体任务举措，支持扩大优质文化产品和服务进出口，积极推动中华文化走出去。这些措施有利于提升我国文化产品和服务的竞争力，进一步增强文化品牌的国际影响力，进一步提升文化贸易对中华文化“走出去”的带动作用。高质量发展文化贸易是促进中华文化有效传承及国际影响力有效提升的重要举措。《意见》明确了对外文化贸易的具体方向以及到 2025 年需要完成的目标：以平台建设与市场主体培育实现我国文化产品及服务竞争力、文化品牌国际影响力的增强，以及加强文化贸易对中华文化“走出去”的带动作用和对文化强国建设的贡献力。在当前两个大局背景下，文化贸易高质量发展必将在中国特色社会主义文化强国建设进程中发挥强大的推动作用，将拥有丰富资源禀赋的文化大国建设成为具有强大创造力和国际影响力的文化强国。

4. 广东文化贸易具有全球竞争潜力

广东文化产品和服务出口连续多年位居全国首位。广东文化贸易出口市场覆盖 150 多个国家和地区，并打造了一批国家级重点文化出口企业和文化品牌。2021 年，广东文化贸易进出口总额为 6.62 亿美元，比 2020 年同期增长 86.98%。在全球数字化浪潮下，广东大力发展数字贸易。2021 年，广东数字经济增加规模约为 5.9 万亿元，电信、计算机、信息服务进出口增长 32.8%。2016—2021 年，广东数字贸易从贸易逆差 394.9 亿美元转为贸易顺差 2.7 亿美元。2021 年，广东数字贸易出口规模实现 407.5 亿美元，同比增长 27.7%，占全省服务贸易出口规模的比重为 51.5%，与世界平均水平（52%）基本持平。同年，广东数字贸易进口规模为 404.8 亿美元，占全省服务贸易进口规模的比重为 60.1%，同比增长 18%。未来，广东将在数字贸易领域继续发力，全力推动相关企业拓展市场。

二、提升文化贸易竞争力对我国高质量发展的意义

由于文化贸易所具有的经济和文化双重属性，其发展对一国所产生的作用也会表现在多个方面，并从宏观（国家）、中观（产业）和微观（企业）等不同层面反映出来，文化贸易对我国的意义也体现在多个方面。

1. 对我国经济发展起到积极促进作用

文化贸易可以带来经济增长和就业机会。21 世纪是以知识产权为基础的文化贸易时代，国家间经济与贸易的竞争进入创新时代，根据联合国教育、科学及文化组织（简称“联合国教科文组织”）的报告，文化和创意产业是全球增长较快的经济部门之一。提升文化贸易竞争力对于经济发展具有重大意义，具体表现在以下几个方面。

（1）促进经济增长。提升文化贸易竞争力会吸引更多的国际消费者，从而增加出口，推动经济增长。丁伟（2004）、冯潮华（2005）、李翠琳（2009）和李方杰（2010）等学者从宏观角度，通过经验分析后认为大力发展对外文化贸易，对全面推进我国文化建设乃至整个现代化建设，均具有重大的现实意义和作用。2007 年，中国文化出口对策研究课题组侧重于中观和微观视角，对文化贸易的经济作用展开研究。通过研究认为，发展对外文化贸易不仅可以推动文化产业的发展，促进相关产业链的升级，并产生巨大的直接经济效益，同时还有助于提升出口产品的附加值，逐步减少对外贸易摩擦的影响，并增进进口国对中国文化的亲近感和认同感。

（2）提供就业机会。高质量的文化贸易需要各种各样的人才，从创作人员到制作人员，再到营销和分销专业人员，发展文化产业和贸易可创造更多的就业机会。

（3）增强创新能力。对文化贸易质量的关注和提高可能会刺激对新的创意和技术的需求，从而促进创新，这种创新产生溢出效应，积极影响其他行业和整个经济的发展。

（4）吸引外资。高质量的文化产品和服务会增加对外国投资者的吸引力，从而带来外资，推动经济发展。

（5）提升国际形象和竞争力。高质量的文化贸易可以提升一个国家或地区的国际形象，增加其在全球市场中的吸引力和竞争力。

（6）支持可持续发展。与传统的物质商品相比，文化贸易更加环保，更加符合可持续发展的要求。

总体来说，高质量的文化贸易可以通过各种方式促进经济发展，从而使得它成为许多国家和地区发展战略的重要部分。

2. 增强文化多样性

文化贸易可以增强文化多样性，丰富人们的生活。文化多样性能够提升公众的创新思维和视野，并有助于社会和谐。提升文化贸易竞争力对于文化多样性的保护和推广同样具有重大意义。

（1）增强全球文化交流。优质的文化贸易产品可以更有效地推动全球文化交流，使各地的消费者更加深入地了解和欣赏其他文化，从而增强全球文化多样性。

（2）保护文化遗产。文化贸易对高质量文化产品的需求可以鼓励地方文化的保护和传承，从而保护文化遗产，保持文化多样性。

（3）创新和发展新的文化形式。提升文化贸易质量往往意味着创新和发展新的文化形式，这样不仅可以丰富现有的文化，也有助于产生新的文化现象和流派，增加文化多样性。

（4）推广边缘文化。优质的文化贸易产品可以使边缘或少数文化得到更广泛的认知和接受，提高其在全球文化环境中的可见度和影响力。

（5）增强文化包容性。提升文化贸易质量可以使更多的文化被接受和尊重，增强社会对不同文化的包容性。

因此，提升文化贸易质量有助于促进文化多样性，增强全球文化交流，保护文化遗产，并推动文化创新。

3. 促进国际交流和理解

通过文化贸易，一个国家可以展示其独特的文化内涵和价值观，这有助于提高该国的国际形象，同时也有利于增进不同国家和地区之间的理解和尊重。提升文化贸易竞争力对促进国际交流和理解具有重要的影响。

（1）增强跨文化理解。优质的文化产品和服务可以提供更深入和全面的文化体验，使人们能更好地理解和欣赏这些文化。

（2）建立国际联系。通过文化贸易，国家之间可以建立更密切的联系，包括商业关系、创意合作和学术交流等。

（3）改善国际形象。通过提供高质量的文化产品和服务，一个国家或地区可以塑造或改善其在国际舞台上的形象，从而增加其在国际事务中的影响力。

（4）促进全球和平。通过增进不同文化之间的理解和尊重，文化贸易可以促进国际和平与稳定。通过理解和尊重他人的文化可以减少误解和冲突，增强全球合作。

（5）传播价值观和理念。通过文化贸易，一个国家或地区的价值观和理念可以被广泛传播，进而影响国际社会。

因此，提升文化贸易质量对于促进国际交流和理解具有重要的意义，可以帮助塑造一个让人们更理解、尊重和欣赏多元文化的世界。

4. 促进知识和技能转移

文化贸易可以促进知识和技能的转移。例如，一个国家的电影制作技术可以通过文化贸易被其他国家学习和应用。提升文化贸易竞争力对于知识和技能转移具有重要的意义。

（1）推动创新。高质量的文化贸易可以创造新的技术、设计、创作方法等，并通过全球贸易网络将这些知识和技能传播到其他国家和地区。

（2）提升专业技能。为了创造和分销高质量的文化产品和服务，文化工作者需要具备一定的专业技能。这些技能可以通过教育、培训和实践在个体、组织和国家之间传播。

（3）交流和学习最佳实践。文化贸易可以为国际最佳实践提供交流和学习的平台，从而提高各国文化产业的生产效率和产品质量。

（4）促进跨文化理解。高质量的文化产品和服务往往需要人们深入理解不同的文化背景。通过文化贸易，关于各种文化的知识和理解可以得到传播。

（5）推广新的文化形式和表达方式。通过文化贸易，新的文化形式和表达方式可以被传播到其他国家和地区，从而推动全球文化创新。

因此，提升文化贸易质量可以促进全球知识和技能的流动，促进创新，提升专业技能，交流和学习最佳实践，促进跨文化理解，以及推广新的文化形式和表达方式。

5. 保护和传承文化遗产

文化贸易可以为保护和传承文化遗产提供资金和资源，有助于文化的繁荣和延续。柳斌杰在他的 2008 年研究著作中以版权贸易为视角，得出了以下结论：积极推动版权贸易的发展，是为了满足人民群众不断增长的精神文化需求，这与贯彻落实科学发展观的目标相一致。此外，积极开展版权贸易还能够壮大我国版权相关产业的实力，提高其在国际市场的竞争力。如果我国能够大规模发展版权贸易，将会对世界文化生态产生积极的变革，并进一步促进全球文化的多样性。因此，提升文化贸易竞争力对于保护和传承文化遗产具有重要的意义。

（1）提供经济支持。高质量的文化贸易能够为保护和传承文化遗产提供经济支持。通过将文化遗产转化为可以交易的商品和服务，能够为保护和管理文化遗产提供资金。

（2）提升公众意识。优质的文化商品和服务可以提高公众对文化遗产重要性的认识，从而加强对其保护的意愿和行动。

（3）提高国际认知和保护水平。通过文化贸易可以将本地的文化遗产推广到全球，吸引国际关注和支持，从而提高其保护水平。

（4）促进技能传承。一些文化遗产，如手工艺品，其制作需要特定的技艺，高质量的文化贸易可以为这些技艺的传承提供市场需求。

（5）活化文化遗产。高质量的文化贸易可以将文化遗产活化，使其在现代社会中继续发挥作用，而不仅仅是封存在博物馆中的静态展示。

因此，提升文化贸易质量可以为保护和传承文化遗产提供重要的支持，既包括经济支持，也包括提高公众和国际社会的认知和保护意愿，以及为技能传承提供市场需求，活化文化遗产。

总体来说，提升文化贸易质量，提升其竞争力，在经济、文化、社会和政治方面都有着重要的作用和影响。

三、提升文化贸易竞争力对广东高质量发展的意义

随着广东的现代文化产业体系和市场体系进一步健全，2021 年广东文化及相关产业增加值占全省生产总值的比重已达到 5.59%，占全国文化及相关产业增加值总量的 13.8%，连续 19 年居全国首位。从国内来说，广东是我国文化贸易强省。"'文化 +'新业态逐渐成为新增长点，数字出版产值、动漫产值、电影票房收入等多项指标居全国第一"。中共广东省委宣传部常务副部长崔朝阳表示，广东正推动文化产业与信息、工业、农业、教育、体育等方面的双向融合，同时加快文化、金融有效对接，健全文化产业投融资体系。

首先，广东省人民政府重视文化产业与文化贸易的发展。重点发展文化产品的出口，需要理论的指导，扬长避短，使文化产业"走出去"。这对提升文化产业链内涵、拓展资源丰富的比较优势、增加文化产品在国际市场的竞争力及发展可持续经济都具有重要意义。

其次，文化贸易为广东带来巨大的直接经济效益，并且因其进出口数据统计的隐蔽性而不易引起贸易纠纷。文化产品附加价值很高，如视听产品已成为美国的主要换汇产品，仅次于航空航天产品，居于美国出口贸易的第二位。广东正处于产业转型、出口贸易结构调整以及发展低碳经济的关键时期，因此研究文化贸易竞争力对此具有

积极的促进意义。

最后，广东对外文化贸易近年来高速增长，但由于高附加值的文化产业基础较弱，广东文化产品出口占全省货物贸易出口的比重不到2%，这使得文化贸易逆差现象仍未得到根本性改变，文化产品和服务出口渠道还比较狭窄，广东输出的文化类产品和服务的价格也低于文化贸易进口的价格，提升广东文化贸易竞争力迫在眉睫。

第二节　研究文献综述

有关文化贸易的研究日臻丰富。目前国外学者对文化贸易的研究主要集中在文化贸易的现状、文化贸易的作用、文化保护与自由、文化折扣等方面。国内学者对文化贸易的研究主要聚焦于以下领域：文化贸易国际竞争力的研究、文化贸易发展的影响因素分析、文化贸易的作用、文化贸易的现状与政策选择、文化贸易与经济发展的关系、国际文化贸易壁垒的研究，以及文化贸易统计指标体系的构建等方面。

一、关于文化贸易发展现状的研究

对某一研究主题进行的现状研究一般是针对性地发现问题和研究对策的前提和基础，也是文化贸易研究重点之一，国内外关于文化贸易现状的研究文献较为丰富。由于文化（创意）产业发展的时间相对较短，对于文化产品和服务的国际贸易研究，西方国家起步也比较晚。国外学者最早从事文化贸易研究的是布鲁诺·佛雷（Frey）和维尔纳·W. 波默赫内（Polnmerehne）（1987），他们从心理学和公众选择的视角探讨了文化贸易，但并没有涉及贸易本身；“创意经济之父”约翰·霍金斯（John Howkins）（2001）在其《创意经济》一书中明确指出，目前席卷全球的巨大的创意经济浪潮，已经吸引了全世界的眼球，创意产业形成了巨大的经济动力；到2006年帕特里克·弗朗索瓦（Patrick Francois）等人更多地用现代经济学的方法来讨论文化贸易的效应和文化竞争。国内对文化贸易开展针对性的研究，虽起步稍晚，但进入21世纪后发展迅速，尤其在“十一五”时期我国确立文化产业发展战略之后，国内有关文化贸易的研究文献成倍增加。特别是党的十八大以来，国家出台了促进文化贸易发展的政策文件，将文化自信摆在重要位置，国内对文化贸易的研究更上一个台阶，相关的研究内容逐渐丰富。何传添（2022）运用2000—2020年世界部分国家文化产品和服务进出口贸易的数据，对中国文化贸易发展的规模、结构特征及贸易竞争力水平进行比较分析，发现中国文化贸易规模扩大较快、结构优化明显、文化产品整体贸易竞争力较强，但文化贸易占对外贸易总额的比重仍然较低，贸易竞争优势主要体现在高耗能、低附加值的文化产品上，知识技术密集型的核心文化产品和文化服务贸易逆差较大、贸易竞争力较弱。因此，为实现文化贸易高质量发展，中国应从创新驱动、内需赋能、开放带动和品牌引领四个方面发力，培育文化贸易新动能和新优势，拓展国际市场空间，优化文化贸易发展新环境。随着全球对数字贸易的重视，国内近几年来对数字贸易的关注度有所增加，皇甫涛（2021）等学者聚焦我国文化贸易高质量数字化发展研究，系统梳理了中国数字文化贸易发展及存在的挑战，发现中国在数字贸易国际治理体系中缺乏话语权，存在文化贸易壁垒较高，知识产权保护力度不够等问题，提出了我国需要从数字贸易规则、数字文化贸易类型、数字文化贸易市场及数字文化外贸平台等方面进行改革。

二、关于文化贸易竞争力相关理论的应用研究

研究文化贸易竞争力的理论包括多个领域，如国际贸易理论、经济学、社会学和文化研究等。李怀亮的《国际文化贸易教程》（2007）较为全面地总结和阐述了古典和新古典国际贸易理论、不完全竞争理论和规模经济理论、产品生命周期理论和需求决定理论、竞争优势理论、新兴古典经济学、引力模型和服务生产率滞后理论在文化贸易领域的适用性。赵继梅（2012）、吕蓉慧（2021）等较多的研究者应用比较优势理论、波特钻石模型、全球化理论、跨文化理论、创新系统理论、知识产权理论等研究国内外的文化产业和贸易。

三、关于文化贸易国际竞争力指标评价体系的研究

学者对文化贸易竞争力的研究，大致沿着两个思路展开。一是利用衡量贸易竞争力的“显示性”指标，包括贸易竞争力（Trade Competitiveness，TC）指数、国际市场占有率（Market Share，MS）指数、显示性比较优势（Revealed Comparative Advantage，RCA）指数和产业内贸易（Index of Intra-industry Trade，IIT）指数等，对中国文化贸易进行综合或分类别的国际竞争力纵、横向比较研究。在竞争力的研究方面，学者往往用“显示性”指标分析贸易竞争力的结果，而用“分析性”指标来研究贸易竞争力的影响因素，即形成竞争优势的原因。对于“显示性”指标的研究，郭群（2018）从联合国贸易与发展会议（United Nations Conference on Trade and Develepment,UNCTAD）数据库中收集了2002—2015年中国、日本、英国、美国、法

国、德国6个国家的文化产品贸易的相关数据，经过进一步的计算，得出了这6个国家各自的MS、TC、RCA指数，并对这些指数进行对比分析，发现虽然中国文化产品整体国际竞争力较强，但核心文化产品贸易国际竞争力极弱，需要引起足够的重视。郭晓婧（2018）采用层次分析法，对竞争力评价指标RCA、TC、MS进行排序，确定它们的权重，并最后得到评价文化服务贸易国际竞争力的综合性评价指标，从而使得分析更有科学性。吕蓉慧（2020）选取了9个与中国文化贸易来往密切的国家，利用熵值法对RCA、TC、MS、CA（Competitive Advantage，比较优势）进行赋权，最终分别求出文化产品和服务的国际竞争力综合评价指数，发现2018年在10个国家中中国排名第七，需要引起重视。李刚选取了8个指标，按照每一个指标占八分之一的权重进行平均赋权，从动态和静态两方面选取指标，建立起竞争力的综合评价指标。综合指标的建立相比单一指标来说，考虑到了世界波动的影响，避免了单一指标的局限性，相对来说会更有竞争力。二是通过“分析性”指标构建新的文化贸易竞争力评价体系，对中国文化贸易国际竞争力进行定性分析或定量测定。具有代表性的研究者有朱文静、顾江（2010）。三是对文化贸易潜力进行测算研究。安妮-希丽亚·迪斯（Anne–Célia Disdier）（2010）及费尔南多·费雷拉（Fernando Ferreira）（2010）认为，两国地理距离较近或者是使用同一种语言，那么它们之间的贸易量就会大一些。姬锦霞（2011）认为，GDP规模与文化背景对中国文化贸易有显著的积极促进作用；科技水平与中国文化贸易正相关，但不显著；贸易条件、地理距离与中国文化贸易负相关，但影响不显著。

四、关于影响文化贸易竞争力因素的实证研究

对于文化贸易竞争力影响因素的研究，国外学者比国内学者开始得要早。早在1964年，贝拉·巴拉萨（Belassa）首次提出了国际竞争力的概念，他认为通过降价可以增加海外市场的销售，从而具备国际竞争力。此后，学者开始研究国际竞争力。在1998年，约翰·霍金斯（John Howkins）认为美国文化产品具有国际竞争力是因为美国国内的文化产业发展形成了规模经济，低成本使其具备国际竞争力。2005年，巴拉（Bala）认为两国文化贸易额的大小受两国消费偏好的影响。奥里菲斯（Orefice）和桑托尼（Santoni）（2018）选取近20个经济合作与发展组织国家的数据进行实证分析，发现移民与一个国家的文化贸易出口额正相关。安德鲁（Andrew）（2007）研究了电影产业国际竞争力的影响因素，发现政府因素对其竞争优势的形成起重要作用。对于

电影产业的国际竞争力，维尔德曼（Wildman）（1988）认为共同的语言和较高的人均收入水平能够使得电影产业形成竞争优势。随着文化贸易的重要性逐渐提升，中国也开始研究文化贸易竞争力的影响因素，起步较晚，直到2007年才有学者开始进行相关研究。按时间顺序，赵有广（2007）通过对比分析中美两国文化产品出口结构发现，中美两国的文化产品贸易竞争力存在差异，这是由两国的文化背景、消费结构和经济发展水平等因素存在差异所导致的。朱文静、顾江（2010）通过对贸易竞争力等相关指数进行测算，证明我国文化贸易发展中存在着逆差严重、结构不合理、发展滞后、贸易国际区域结构过于集中等问题。方慧、尚雅楠（2012）基于动态钻石模型，对我国文化贸易进行了计量研究，得出我国文化贸易竞争力较弱，以及在文化贸易竞争力较弱的阶段，“动态钻石模型”中的短期要素对竞争力的影响效应大，长期因素效应不明显等结论。孙妙凝（2012）根据“钻石模型”的6个要素对中国文化服务贸易的国际竞争力进行了分析，发现中国的文化服务贸易发展缓慢，尚未形成竞争优势。邹宸（2016）从实证角度分析了中国文化产品贸易国际竞争力的影响因素，他运用扩展的引力模型，使用了18个国家10年的样本数据，并对各因素的影响程度进行排序，发现国家支出的文化事业费对文化产品贸易国际竞争力影响最大，而对具有高级职称的文化行业从业者产生的影响最小。赵雅玲和申严博（2020）采用跨国面板数据对中国文化产品贸易的影响因素和贸易潜力进行了测算，结果显示中国和进口国的对外开放程度、经济体量和技术水平与中国文化产品的国际竞争力呈正相关。基于这些结论，中国应积极开展与进口国的贸易政策谈判，加强高新技术创新，并加快自贸区建设。苏晨晨（2020）利用2009—2017年的面板数据研究了中国文化服务贸易的竞争力，发现经济规模、制度政策和文化软实力均对中国文化服务贸易的竞争力产生了影响。

五、关于地方文化贸易竞争力的研究

对于地方文化贸易竞争力研究的文献较少，主要针对地方文化产业的发展进行描述性、定性的政策建设分析。蒋国庆（2022）基于实地调研并结合协同治理、政府干预、服务型政府、政府作用外部性等理论，对地方政府推动文化贸易发展中存在的问题和成因进行了系统分析。在借鉴国内外成功的政府作用经验的基础上，结合四川省和自贡市的战略发展考量，提出了针对自贡市推动区域文化贸易发展的具体建议，包括做大区域协同、充分利用比较优势、扩大平台对接、加强团队整合四个方面。朱晓辉（2015）从理论和实证两个方面，系统论述了文化贸易与上海经济转型发展之间的关系。他提出通过文化贸易扩大经济总量、优化经济结构可以促进上海经济的转型发展；文化贸易通过提高市场开放度可以影响城市的开放程度；文化贸易通过提升消费质量可以影响城市居民的消费水平；文化贸易通过打造城市品牌可以塑造城市形象；文化贸易通过改善就业结构和提升人口素质可以对社会产生影响。周彬（2023）以江苏省为研究对象，回顾了文化“走出去”及其支持政策的现状，并研究了支持政策存在的问题和成因。通过分析，他发现江苏的文化“走出去”正处于发展阶段，但资源政策重形式、轻内容导致文化自信力受阻，渠道政策重创新、轻涵养导致文化影响力受限，产业政策重政府、轻市场导致文化生产力受阻，人才政策重使用、轻管理导致文化传承力受阻。基于此，结合美国、德国、韩国等国家的文化“走出去”政策经验，他总结出了多元文化主体差异化传播、建立文化营销的市场网络、综合人才和金融配套措施等经验做法，并建议江苏省立足于地域文化资源，遵循国际传播规律，融入全球文化市场，借助文化精品、文化品牌、文化贸易和文化人才，提升文化自信力、文化影响力、文化生产力和文化传承力，进一步完善支持文化“走出去”的政策。对于广东文化贸易方面的研究较为有限，而对其文化产业的研究较为丰富。彭伟步（2011）分析了广东文化产业的现状，指出广东的文化产值在全国名列第一，但存在产值含金量不高、公共服务投入不足以及各地区发展不均衡等问题。在文化贸易方面，罗艳（2014、2016）对广东文化贸易与台湾文化贸易进行比较分析，并基于广东省对外贸易结构现状，分析发展文化产业对全省在有形商品、服务贸易、贸易方式、贸易伙伴和贸易区域等方面的影响。汪素芹（2015）对京、沪、粤、苏、浙五省市的文化贸易进行了比较研究，结果显示北京在服务贸易方面具有明显优势，可以成为我国文化服务贸易发展的战略高地；上海凭借其发达的文化产业基础和自贸区的相关政策，最有可能成为全国文化贸易发展的典范；广东省在省级层面上具有较大优势，文化产品贸易在全国占比最高；江苏和浙江相对滞后，但这两个省份在多个方面均具有特色。

六、研究述评

总而言之，目前关于文化贸易研究的成果逐步增加，但较多的文献侧重于描述性的文化贸易比较研究，深度不够。现有研究成果为文化贸易竞争力的提升提供了有力的理论指导，但尚未发展完善，经济学知识还未成熟地运用到文化贸易的研究中，而且定量研究资料较少。现有的文化贸易竞争力研究多采用实证分析方法，由于定量分析所依据的统计数据来源不同，不但研究结果显示出不一致性，而且对我国文化服务贸易国际竞争力的研究，明显落后于对文化产品贸易竞争力的研究。目前，较多的文献资料针对性地研究广东文化产业，包括其发展格局与结构的现状问题、对策研究、市场体系建设等。针对广东文化贸易的文献资料很少，研究视角不够全面，缺乏深度与创新性，政策措施操作性不强，而且鲜有从广东文化贸易的角度进行深度的理论与实证分析。广东具有自身独特的文化贸易特点，若是生搬硬套现有的相关理论，指导性作用不强。本研究不仅能为广东文化贸易战略对策起到重要参考作用，还对我国其他省市具有借鉴作用，也能完善目前理论上研究的不足，丰富现有的文化贸易理论体系。

第三节 研究内容与框架

本书旨在研究提升广东文化贸易竞争力的路径和对策建议，促进广东乃至全国文化产业贸易高质量发展。为此，本书在系统梳理文化贸易、文化贸易竞争力基本概念、文化产品国内外分类与统计框架及相关理论的基础上，首先，从广东文化贸易发展现状及面临的问题进行分析，揭示了广东文化贸易在国内外环境中的实际运作和面临的挑战，同时提供关于如何应对这些挑战的独特洞见；其次，通过比较广东文化贸易竞争力与国内其他地区、其他国家和国外其他地区的表现，分析广东文化产业及贸易在全球和国内的相对位置，并且从全球的角度出发，借鉴国际上成功的经验，深入研究可被广东借鉴的实践经验，以提升其文化贸易竞争力；最后，提出广东文化贸易发展的路径与对策，为广东文化贸易的持续发展献策献计。

本书的内容主要包括八章：

第一章为导论。本章包括研究的背景与意义、研究文献综述、研究内容与框架三小节内容，重点阐述了本书研究的现实意义，围绕文化贸易竞争力，从相关研究理论、文化贸易竞争力和潜力、文化贸易竞争力影响因素实证研究等方面梳理和评述了国内外已有文献。

第二章为文化贸易及其竞争力的内涵和理论基础。本章包括文化贸易的内涵及特点、文化贸易竞争力的内涵、国际文化贸易及其竞争力相关的理论基础三小节内容，重点分析了文化贸易及其竞争力的属性特征及其界定，梳理我国制定的文化产品分类与统计框架《文化及相关产业分类》《文化产品进出口统计目录》，以及联合国教科文组织制定的《2009 年联合国教科文组织文化统计框架》，探讨主流国际贸易理论对文化贸易竞争力的研究与应用。

第三章为广东文化贸易发展阶段及现状问题分析。本章包括文化贸易发展阶段分析、广东文化产业与文化贸易现状、广东文化贸易存在的问题分析三小节内容。基于我国及广东文化贸易发展的阶段，分析广东文化产业及贸易的现状，指出广东文化贸易存在的竞争力相对较弱、文化贸易与文化产业规模不匹配、文化贸易发展不均衡等方面的问题。

第四章为广东文化贸易竞争力国际比较。通过将广东文化贸易与美国、英国、日本、韩国的文化贸易进行比较，分析广东在国际文化贸易中的定位。

第五章为广东文化贸易竞争力国内比较。通过粤、浙、苏、沪、京文化贸易的对比分析，提出五地文化贸易竞争力的来源以及广东文化贸易竞争力在国内的竞争力优劣势。

第六章对广东文化贸易竞争力进行实证分析。通过 SWOT 分析法及构建文化贸易竞争力钻石模型，分析广东文化贸易竞争力的来源，利用贸易结合度指数对广东文化贸易潜力进行测算，探究广东文化贸易未来发展的潜力。

第七章为发达国家文化贸易发展经验借鉴。从美国、英国、日本、韩国文化产品出口的经验分析中，借鉴提升广东文化贸易竞争力的经验。

第八章为广东文化贸易竞争力提升对策分析。基于前述研究分析，从提升广东文化贸易竞争力的政策保障，提升广东文化贸易竞争力的贸易发展对策，提升广东文化贸易竞争力的数字化发展对策，提升广东文化贸易竞争力的文化产业发展对策，提升广东文化贸易竞争力的人才发展对策五个方面展开分析。

第二章　文化贸易及其竞争力的内涵和理论基础

第一节　文化贸易的内涵及特点

关于文化贸易的概念，目前各类研究资料文献中仍没有一个一致性的描述。政府机构、文化学者、经济学者及业内人士对文化贸易都有自己的界定。普遍认可的文化贸易是指世界各国或地区之间所进行的以货币为媒介的文化交换活动。文化贸易不仅可以传播本国文化，还能实现文化产业链的经济效益，因此文化贸易的竞争力体现了国家的综合实力。文化贸易指的是各国或地区之间通过文化产品和服务的交流和买卖所产生的经济活动。文化贸易可以包括电影、音乐、书籍、艺术品等各种文化产品的进口和出口，也可以包括文化旅游和文化交流等服务性贸易。文化贸易在促进各国或地区之间的文化交流、提高文化产品的质量和创新、增加就业机会等方面产生了积极的影响。本节从国际组织机构和国内外学者两个视角分析确定文化贸易的内涵。

一、国际组织机构对文化贸易的概念界定

1. 国际货币基金组织对文化贸易的描述

国际货币基金组织（International Monetary Fund，IMF）的国际收支手册对国际文化贸易进行了描述：其是指居民与非居民之间关于个人、文化和娱乐服务的交易。这类交易可以进一步细分为两类，一类是涉及声像和相关服务的交易，另一类是其他文化和娱乐服务的交易。然而，国际货币基金组织的这个概念相对简单，无法全面反映当前国际文化贸易的内容。

2. 世界贸易组织对文化贸易的规定

在世界贸易组织（World Trade Organization，WTO）的三大协议中，并没有独立

于经济贸易规则之外的文化贸易规定。对于文化贸易的相关规则，主要包含在《服务贸易总协定》（General Agreement on Trade in Services，GATS）和《与贸易有关的知识产权协议》（Agreement on Trade Related Aspects of Intellectual Property Rights，TRIPs）中。《服务贸易总协定》涉及的服务范围被划分为14个大类，其中有7个类别与文化贸易有关。这些类别包括以下七个方面。

（1）商业性服务。例如，与计算机硬件装配有关的咨询服务、软件执行服务、数据处理服务、数据库服务；自然科学、人文社会科学及交叉科学的研究服务；文化娱乐场地和设备租赁服务、翻译服务、展览管理服务、广告服务、管理咨询服务、与科技相关的咨询服务、摄影服务、包装服务、印刷出版、会议服务等。

（2）电信服务。例如，声频、电报、传真、电子邮件、声频邮件等电信服务；电影与录像带的生产与批发、电影放映、无线电与电视传输、音像等视听服务。

（3）分销服务。例如，与文化有关的批发零售、销售代理、特许经营及其他销售服务。

（4）教育服务。例如，高等教育、中等教育、学前教育、继续教育、特殊教育和其他教育领域之间的交流。

（5）文化、娱乐及体育服务。例如，剧场、乐队和杂技表演娱乐服务；新闻机构服务；图书馆、档案馆、博物馆及其他文化服务；体育及其他娱乐服务。

（6）旅游及相关服务。例如，旅馆、饭店提供的住宿、餐饮及相关服务；旅行社和导游服务等。

（7）健康及社会服务。例如，医疗服务、其他与健康有关的服务等。

在知识产权层面，与文化贸易直接相关的是《与贸易有关的知识产权协议》的第11条和第14条。其中，第11条是关于计算机程序和电影艺术作品的相关规定，而第14条则涉及对表演者、录音制品（唱片）制作者和广播组织者的保护。

3. 联合国教科文组织对文化贸易的规定

通常认为，文化贸易包括文化产品和文化服务两个方面。根据联合国教科文组织发布的《1994—2003年文化商品和文化服务的国际流动》报告，文化产品通常是指传播思想、符号和生活方式的消费品。这些产品能够提供信息和娱乐，进而形成群体认同并影响文化行为。在工业化和全球销售的过程中，基于个人和集体创作成果的文化商品被不断复制，并被赋予了新的价值。图书、杂志、多媒体产品、软件、录音带、电影、录像带、视听节目、手工艺品和时装设计等构成了多种多样的文化商品。

文化产品包括文化商品和文化服务。联合国教科文组织将文化产品进一步划分为核心文化产品和相关文化产品，包括文物产品、图书、报纸和期刊、其他印刷品、已录制媒体、视觉艺术等类别，并为它们指定了相应的协调制度编码。在传统意义上，文化服务是指满足人们文化兴趣和需求的行为。这种行为通常不以商品的形式呈现，而是以政府、私人机构和半公共机构的形式为社会文化实践提供各种文化支持。文化支持的形式包括举办各种演出、组织文化活动、推广文化信息以及管理文化产品的收藏（如图书馆、文献资料中心和博物馆）等。文化服务可以是免费的，也可以是具有商业目的的。当然，在贸易中涉及的文化服务必定是具有商业目的的。

二、国内外学者对文化贸易的概念界定

根据范·格拉斯特克（Van Grasstek）（2005）的观点，可交易的文化实体可以被定义为能够生产或分配物质资源的产品和服务，而这些产品和服务通过音乐、文学、戏剧、喜剧、文档、舞蹈、绘画、摄影和雕塑等艺术形式来娱乐大众或激发人们的思考。其中，有些艺术形式通过现场表演的方式（如音乐厅和舞台剧）展示给大众，而有些则以存储记录的方式（如压缩光盘）销售给大众。以上这些交易还包括储存和分配文化产品的机构。这些机构有些以公共服务的形式存在（如图书馆和博物馆），有些以商业形式存在（如电视台和美术馆），还有一些两者兼具。根据高洁（2005）的观点，文化贸易主要涉及与知识产权相关的文化产品和文化服务的贸易活动。李怀亮、闫玉刚（2007）指出，国际文化产品贸易是指各国（各地区）之间以货币为媒介进行的文化交换活动，包括有形商品（如音像录音制品、纸制出版物等）和无形商品（如版权、关税等）。有些学者将文化贸易分为文化硬件贸易和文化软件贸易。一般来说，文化硬件是指用于生产、储存和传播文化内容的器物工具和物质载体，如摄影器材、视听设备、影视器材、舞美设备、游戏和娱乐器材，以及艺术创作和表达工具等。文化软件是指包含文化内容的产品和文化服务，包括广播电视节目、电影动画片和故事片、印刷品、出版物、视听艺术、表演艺术、光盘、视盘和多媒体等载有文化艺术内容的媒介，以及娱乐和会展等活动。

三、文化贸易内涵应用的界定

总体上看，大家对于文化贸易概念内涵的解释较为一致，但在外延方面的理解却各有不同。文化贸易是指国家（地区）之间文化产品与服务输入和输出的贸易方式，

是国际服务贸易中的重要组成部分。国际文化产品和服务是跨境产物，是文化产业国际化经营的必然。“文化产品”属于产品范畴，“文化服务”属于服务范畴。在本研究中，鉴于联合国教科文组织自 1945 年成立之始，在促进国际教育、科学和文化方面扮演了非常重要的角色，是文化领域最具有权威和影响力的国际组织，该组织中文化事务预算占第一位，一直致力于维护国家文化主权和保持世界文化的多样性，将采纳联合国教科文组织的定义。联合国教科文组织目前已经出版的《世界文化报告 1998》《世界文化报告 2000》以及 *International Flows of Selected Cultural Goods and Services*（*1990—1998*），*International Flows of Selected Cultural Goods and Services*（*1994—2003*）等一系列统计研究报告，成为文化贸易领域最权威的统计资料，为政府官员、学者研究国际文化贸易发展提供了翔实的数据。联合国教科文组织将文化贸易进行了分类，见表 2-1。

表 2-1　文化贸易的分类

文化商品			
核心文化商品		相关文化商品	
1. 文化遗产	古董	1. 音乐	（1）乐器
2. 印刷品	（1）图书		（2）声音播放或录音设备
	（2）报纸和期刊		（3）录音媒介
	（3）其他印刷品	2. 影院和摄影	（1）照相机
3. 音像媒介	录音媒介		（2）电影摄影机
4. 视觉艺术品	（1）绘画		（3）照相馆和电影院使用的产品
	（2）其他视觉艺术	3. 电视机和收音机	（1）电视机
			（2）收音机
5. 影视媒介	（1）摄影	4. 建筑和设计	
	（2）电影	5. 广告	
	（3）新型媒介	6. 新型媒介	软件
文化服务			
核心文化服务		相关文化服务	
1. 视听及相关服务		1. 广告、市场研究和民意调查	
2. 特许权使用费和许可费		2. 建筑、工程和其他技术服务	
3. 娱乐、文化和运动服务		3. 机关新闻机构服务	
4. 个人服务			

资料来源：联合国教科文组织数字图书馆网站。

四、文化贸易的特点

文化贸易的特殊性决定了其在一国国际贸易中的敏感地位和重要性。文化贸易涉及文化产品和文化服务，同时具备货物贸易和服务贸易的特点，具体表现在以下几个方面。

1. 贸易市场的高度垄断性

文化贸易存在严重的不平衡现象，发达国家和发展中国家之间在文化生产、文化服务能力、技术和资源方面存在差异，这些差异受历史特点、区域位置和文化背景等多种因素影响，从而导致文化贸易市场高度垄断。少数发达国家占据国际文化贸易的垄断地位，而发展中国家处于相对劣势。

2. 贸易保护方式具有隐蔽性

文化具有独特的渗透力，传达着观念、价值和生活方式，是高度个性化的产品和服务。文化贸易的价值超出其商业价值，相比其他贸易形式，文化贸易对进口国消费者具有潜移默化的作用，涉及意识形态等敏感领域。因此，各国对文化贸易采取隐蔽的保护方式。由于文化贸易标的物的特殊性，各国难以通过统一的国际标准或关税进行限制，更多地采取国内政策、法规修改，如市场准入制度和非国民待遇等非关税壁垒形式。

3. 贸易自由化的例外性

由于图书出版、演出服务、广播影视、网络服务和教育等文化产业涉及国家主权、国家安全和意识形态等敏感领域，各国对文化贸易的开放程度持谨慎态度，对文化贸易的限制和保护远远超过货物贸易。这在很大程度上阻碍了国际文化贸易的自由化进程。

4. 贸易约束条例的相对灵活性

世界贸易组织一直致力于推动国际贸易的自由化，但自文化贸易概念提出以来，“文化例外”成为一种不成文主张，被世界贸易组织成员政府接受并广泛应用于文化贸易政策中。因此，世界贸易组织对文化贸易的约束具有一定的灵活性。

5. 与其他产业的强烈交融性

不同的文化内涵和文化服务渗透到所有产业和贸易领域，如酒文化、茶文化、饮食文化、居住文化、服饰文化和汽车文化等，反映了不同的文化背景和价值取向。特别是文化产品和文化服务与信息技术的结合，加快了文化的传播速度、扩展范围，进一步提升了文化产品和文化服务的可贸易性。

第二节 文化贸易竞争力的内涵

一、竞争的内涵

国际竞争力的理念是从竞争概念演变而来的，在不同的领域中，对竞争的定义存在着一定的差异。根据聂辰席（2003）的观点，竞争被认为是在一定的客观条件下，为获取稀缺资源而进行的纷争和冲突活动。这一基本概念揭示了竞争的本质。尽管不同领域对竞争的理解存在一定差异，但都强调了客观条件和资源稀缺性对竞争的影响。

1. 生态学中的竞争

竞争最初起源于生态学，指的是同种或异种生物在有限的资源环境中为了满足需求而争夺其他群体的资源。《不列颠百科全书》（*Encyclopedia Britannica*）将竞争定义为在资源不足的同一环境中，同种或异种的生物与另一群体争夺资源，以满足所有生物需求的过程。随后，《不列颠百科全书》对竞争的概念进行了更准确而广义的界定，认为竞争是指两个或更多个体或群体在一定范围内，为了共同需要的对象而发生的争夺和纷争。竞争对物种的进化起着重要作用，根据查尔斯·罗伯特·达尔文（Charles Robert Darwin）的观点，竞争在间接上主导着物种的进化方向，因为只有优胜者才能获得生存机会，进而推动物种的进化和发展。此外，万（Wan）（2013）提出在有限的资源环境中，为了获得最终的生存机会或更优越的生存环境，竞争主体对所需的有限资源进行持续的争夺和纷争，这被称为竞争。竞争还可以定义为在一定范围内，两个或两个以上个体或群体为了共同需求的对象而争夺，导致纷争的活动。竞争的概念和本质是竞争力的来源，它起源于资源的稀缺性，并随着研究的不断演变和发展，从最初的资源稀缺争夺，到对所需对象的争夺，再到对生存机会和优越生存环境的争夺。从生态学的角度来看，竞争对于理解生态系统和物种的演化具有重要的意义和价值。

2. 经济管理学中的竞争

在经济管理学领域对竞争也有较多相关研究，《新帕尔格雷夫经济学大辞典》（*The New Palgrave Dictionary of Economics*）中对竞争进行了理论性的总结，指出竞争的形式主要包括个人和团体之间的纷争，通常发生在双方或多方都想获得但无法平均分配资源的情况下。此外，周松兰（2007）在经济管理学研究中将竞争定义为对利益的争夺，即市场中商品生产者或经营者为了争取有利的生产和销售条件而进行的斗争，旨在实现获取最大利益的目标。

在经济管理学领域，竞争力被定义为双方或多方之间的纷争，发生在无法平均分配资源的情况下。这种竞争侧重于争夺有利的生产和销售条件，以实现企业或个人的利益。竞争者将采用各种策略来获取资源，并进行相应的斗争。微观经济学的研究常常使用规范经济学对竞争状态进行定性分析，同时这类研究也涉及特定市场环境下的竞争范围。从中可以看出，经济管理学领域中的竞争指的是企业或个人为争取有利的生产和销售条件而进行资源争夺的纷争过程。

3. 国际市场中的竞争

从不同学科的角度来看，竞争力的概念存在一定差异。根据竞争的范围，可以将竞争力分为国际竞争力和国内竞争力。在经济管理领域的研究中，主要关注国内竞争力的探讨；对于国际竞争力的讨论，主要涉及从贸易角度出发的国际市场环境中的竞争力。

（1）国际竞争力是国际地位的象征。从贸易的角度来看，国际竞争力可以被视为一个国家在全球市场中所占据的市场份额以及在贸易过程中所具有的主导权，这间接反映了该国的国际地位。樊纲（1998）指出，国际竞争力代表着一个国家的商品在国际市场中的地位，包括商品的销售额、品牌资产、企业形象以及商品所属国家的国家形象，其具有国际竞争力的商品在国际市场上的流通不仅可以提升国家形象，还奠定了该国家在国际舞台上的地位。

（2）国际竞争力是国家财富的象征。从国家的资产和财富的角度来看，高希均和石滋宜（1996）认为，竞争力体现了一个国家在国际市场中创造人均财富的能力。同样，国际管理发展学院（International Institute for Management Development，IMD）指出了国际竞争力与创造财富能力之间的关联。国际竞争力是指一个国家持续通过其经济环境和条件为其创造附加价值，并增加国家财富的能力。国际管理发展学院的定义强调了国家宏观环境下的总财富，与高希均和石滋宜的研究有所不同，后者关注的是人均财富。根据国际管理发展学院的定义，竞争力意味着企业或国家能够以具有比较优势的价格在国际市场上销售产品和提供服务，符合国家和国际市场的标准，并有效地创造收益的能力。综上所述，贸易领域的竞争力主要是指国际竞争力，涵盖了在出口和进口过程中探索和开拓市场的能力，以及通过本国产品和服务的比较优势提高收益的能力。许多研究者将其视为创造财富的能力。针对国际竞争力的研究，根据不同的分类指标将其分为多个层面。

4. 产业国际竞争力

前述领域对竞争力的论述主要从国际角度考虑，即国际竞争力。基于国际竞争力的特点，许多学者将其应用于产业竞争力，并进行了深入的研究和分析。在贸易层面上，竞争力指的是通过在国际市场上占据的地位创造财富或获得利益的能力。然而，在产业竞争力的相关研究中，通常将一个国家的特定产业与其他国家的同类产业进行比较。由于各种产业在性质和规模上存在较大差异，所以对一个国家不同产业之间的竞争力进行比较是无意义的。在国际市场上，对多个国家的特定产业进行比较可以研究该产业在国际市场中的竞争力，即产业的国际竞争力。

迈克尔・波特（Michael E. Porter）在《国家竞争优势》一书中从理论上研究了国家产业竞争力。波特的产业国际竞争力钻石模型主要涉及需求、生产、相关产业和企业战略四个基本因素对产业竞争力的直接影响。产业竞争优势是国家竞争优势的切入点和根本。该模型提供了最完整的产业竞争力研究理论支持。

美国总统产业竞争力委员会对国际竞争力给出了定义：竞争力是指在自由公正的市场环境下，生产能够通过国际市场考验的商品和服务，增加或维持一个国家国民实际收入的程度。换言之，某个企业或产业以商品或服务的形式呈现在国际市场上，该产品或服务在市场中的适应性和接受程度成为衡量该产业国际竞争力的重要因素，其最终目标是提高国民生活水平。

综上所述，产业国际竞争力指的是一个国家特定产业与其他国家相比在国际市场上生产和销售的能力。该国家特定产业在激烈的国际竞争中所占据的地位被称为竞争地位。

二、国际竞争力的相关研究

在对国际竞争力进行研究时，随着理论体系的发展和演变，根据不同的研究角度逐渐形成了多种分类体系，以下是一些具有代表性的研究。经济合作与发展组织（Organization for Economic Cooperation and Development，OECD）将竞争力分为宏观竞争力、微观竞争力和结构竞争力。宏观竞争力主要涉及国家法规、教育水平、技术层次等与宏观环境相关的竞争力；微观竞争力与微观经济相对应，主要是指企业在市场上获得更高份额和增加利润等方面的竞争力；结构竞争力主要涉及技术基础设施、投资结构、生产类型、外部性等方面的竞争力。

在随后的研究中，狄昂照（1992）等提出了企业竞争力和商品竞争力的概念，基于微观层面的竞争力，企业竞争力可以由商品竞争力的总和来衡量。这个理论适用于生产的产品具有较长生命周期的企业来评估竞争力。然而，对于产品更新频率高且生命周期短的企业，无法准确、及时地测定其竞争力。类似地，焦瑾璞（2002）将国际竞争力分为宏观层面的国家竞争力、中观层面的产业竞争力和微观层面的企业竞争力。许多研究都采用了这种分类方式，提出国家的综合竞争力是各个产业竞争力的总和，而产业竞争力由从事该产业生产和研发企业的竞争力构成。这种观点被广泛应用于对国际竞争力各个层面的研究。

在以上理论研究的基础上，裴长洪和王镭（2002）参考了狄昂照（1992）等人的研究成果，将国际竞争力分为产品竞争力、企业竞争力、产业竞争力和国家竞争力。从经济学角度出发，对微观、中观和宏观层面对应的各种竞争力进行了深入剖析。从形式逻辑分析可知，企业竞争力和国家竞争力具有主体概念，而相反地，产品竞争力和产业竞争力则没有主体概念。

通过以上理论研究可以得知，针对国际竞争力的分类方法，主要从宏观、中观和微观的角度入手，以国际竞争力的范围为基准进行分类。在对微观的国际化企业竞争力进行探讨时，重点集中在对国内外同类企业各项评价指标进行比较，而同一产业链上的同类企业竞争力的总和可以被视为该国相关产业的国际竞争力。产业竞争力是在国家宏观环境和产业内微观环境的共同作用下产生的中观层面的竞争力，而该国主要产业群竞争力的总和可以被视为国家竞争力，代表着国家对外经济和贸易的综合实力。近年来的研究主要集中在对产业竞争力的探讨上，某一产业在国际市场中的竞争力代表着该国相应行业的综合竞争力。

三、国际文化贸易竞争力的界定

国际文化贸易竞争力指的是一个国家在文化贸易领域中具有获取市场份额和增加国际影响力的能力和实力，其内涵包括以下方面。

1. 文化产品创新能力

文化产品创新能力是指国家在文化产品设计、研发、制作等方面所拥有的能力。这涵盖了文化产业人才素质、技术水平和创新意识等多个因素。

首先，文化产业人才素质是文化产品创新能力的重要组成部分。拥有专业知识和技能的人才队伍对于推动文化产品的创新至关重要。这些人才应具备深厚的艺术修养、扎实的专业背景以及对当代文化趋势的敏锐洞察力。他们能够通过对古典与现代文化的交融，创造出独特而富有创意的文化产品。

其次，技术水平是影响文化产品创新能力的关键要素之一。随着科技的进步，新的技术手段和工具不断涌现，为文化产品的设计和制作提供了更多的可能性。例如，虚拟现实、增强现实、人工智能等技术的应用，可以赋予文化产品更为丰富的体验和互动性。拥有先进的技术水平能够帮助国家在文化产品创新方面保持领先地位。

最后，创新意识也是文化产品创新能力的核心要素。鼓励并培养创新意识，能够激发文化从业者对于传统文化的重新解读和发掘。创新意识使得他们能够突破传统思维的束缚，勇于尝试新的理念和表达方式，从而创造出具有时代特色和独特魅力的文化产品。

综上所述，文化产品创新能力的提升需要综合考虑人才素质、技术水平和创新意识等多个方面。国家在这些方面的投资和支持将为文化产业的蓬勃发展提供坚实基础，同时也为文化产品在全球范围内的竞争赢得更大优势。

2. 文化产业投资力度

文化产业投资力度是指国家在文化产业领域所进行的投资规模和力度。它包括政府资金的投入、社会资本的参与以及外部投资等。

首先，政府资金的投入是支撑文化产业发展的重要保障。国家可以通过拨款、设立专项基金等方式，直接向文化产业提供资金支持。这些资金可以用于文化项目的启动、创作生产、市场推广、场馆建设等多个环节，从而推动文化产业的繁荣发展。政府资金的投入也有助于培育新兴文化产业，推动传统文化与现代科技、商业模式的融合，提升文化产品的创新和市场竞争力。

其次，社会资本的参与对于文化产业投资力度的提升也起到重要作用。社会资本可以是企业、私人投资者、文化机构等，他们通过投资、合作等方式参与到文化产业中。社会资本的参与不仅可以提供更多的投资资金，还能够引入专业的管理经验和商业运营模式，促进文化产业的商业化发展。通过与社会资本的合作，文化产业可以获得更多资源和市场渠道，实现更好的经济效益和社会影响力。

最后，外部投资也是文化产业投资力度的重要组成部分。国际资本流动和跨国投资对于文化产业的发展具有积极的影响。通过吸引外部投资可以带来更多的资金和技术支持，推动文化产业的国际合作与交流。同时，外部投资也促进了文化产业的国际化发展，拓宽了文化产品的市场覆盖范围，增加了文化产业的出口收入。

综上所述，文化产业投资力度涵盖了政府资金、社会资本和外部投资等多个方面。

国家在这些方面的积极投资和支持，将为文化产业提供充足的资金支持和发展空间，促进文化产业的蓬勃发展和国际竞争力的提升。这将进一步推动文化创意产业的繁荣，丰富人们的文化生活，提升国家的软实力和经济发展水平。

3. 品牌形象建设

品牌形象建设是指国家在文化产业领域所进行的品牌塑造和推广活动，旨在提升文化产品的知名度、消费者认可度以及整个行业的声誉。它涉及多个因素，包括文化产品的品牌推广策略、市场营销手段、消费者体验等方面。

首先，文化产业需要通过精心设计和实施的品牌推广策略来建立独特的品牌形象。这包括确定其核心价值、传递品牌故事、塑造品牌的视觉识别系统等。国家可以通过专业的品牌顾问、市场营销机构等来提供战略指导和专业支持，帮助文化产业确定品牌定位和差异化竞争策略。同时，有效的品牌传播渠道，如广告、媒体、社交媒体等，也是品牌形象建设的重要手段，通过宣传和推广文化产品，吸引目标消费者的关注和认可。

其次，消费者认可度是品牌形象建设的核心目标之一。文化产业需要通过提供高质量的文化产品、满足消费者的需求、提供优质的售后服务等方式，赢得消费者的信任和忠诚。消费者的积极评价和口碑传播对于品牌形象的建设具有重要影响。国家可以通过加强质量监管、推动创意设计和技术创新，提升文化产品的品质和竞争力，以及加强对消费者权益的保护，建立良好的消费者体验和口碑。

最后，行业声誉也是品牌形象建设的重要组成部分。国家可以通过鼓励优秀文化企业的发展和成长，加强行业监管和规范，推动文化产业的健康发展，并建立行业标准、推动行业协会的参与和合作，提升整个文化产业的声誉和形象。同时，国家可以加强对文化产业的政策支持和资金投入，培养更多的专业人才，提升整个产业的创新能力和竞争力，从而进一步提升行业的声誉和国际影响力。

综上所述，品牌形象建设在文化产业领域起着重要的作用。通过精心的品牌推广、消费者认可度和行业声誉的提升，国家可以塑造和推动文化产业的品牌形象，增强文化产品的市场竞争力和吸引力。这将为文化产业的可持续发展和国家的软实力提升提供重要支持，进一步推动文化产业的繁荣和创意经济的发展。

4. 国际市场开拓能力

国际市场开拓能力是指国家在拓展和进入国际市场方面的能力，其衡量指标包括文化产品的出口量、市场渗透率以及产品多样性等。国际市场开拓能力对国家的文化产业发展和国际竞争力的提升至关重要。

首先，文化产品的出口量是衡量国际市场开拓能力的重要指标之一。国家需要通过积极的出口政策、贸易促进措施和国际营销策略，推动文化产品的跨国销售和出口。这包括加强与国际市场的合作和交流、参加国际文化展览会、开展文化交流项目等。同时，国家还应关注产品质量和创新，提供有竞争力的文化产品，以满足不同国家和地区的需求，从而增加文化产品的出口量。

其次，市场渗透率是国际市场开拓能力的另一个重要指标。国家需要通过深入研究目标市场的文化消费特点、市场需求和竞争环境，制定相应的市场进入战略。这包括了解和适应目标市场的文化差异、法规政策、市场准入壁垒等。同时，国家还应鼓励文化企业加强品牌建设、市场推广和渠道拓展，以提高产品在国际市场中的知名度和影响力，增加市场渗透率。

最后，产品多样性也是国际市场开拓能力的重要方面。国家需要鼓励和支持文化企业进行创新研发，推出多样化的文化产品，以满足不同国家和地区的文化需求。这需要在创意设计、技术创新、跨界合作等方面做出努力，以提高产品的竞争力和市场吸引力。同时，国家还可以通过促进文化产业与其他产业的融合，打造具有特色和竞争优势的文化产品，进一步扩大产品多样性，满足不同市场的需求。

综上所述，国际市场开拓能力对于国家的文化产业发展至关重要。通过提高文化产品的出口量、市场渗透率和产品多样性，国家能够增强文化产业在国际市场上的竞争力，产生更广泛的国际影响和经济效益，促进文化产业的可持续发展。

5. 文化产业政策支持力度

文化产业政策支持力度是指国家在文化产业领域为促进其发展所采取的政策支持措施，包括税收优惠、金融扶持、知识产权保护等。这些政策的实施对于推动文化产业创新发展、提升竞争力和促进可持续发展至关重要。

首先，税收优惠是一种常见的文化产业政策支持措施。国家可以通过减免税收、降低税率等方式，鼓励文化产业企业的投资和发展。例如，在文化创意企业的研发费用、创作费用和生产成本等方面给予税收优惠政策，降低企业的负担，激励创新和创意的产生。

其次，金融扶持是促进文化产业发展的重要手段。国家可以建立专门的金融支持机制，提供贷款、融资担保和风险投资等金融服务，支持文化产业企业的创业、扩大规模和技术升级。此外，国家还可以设立文化产业发展基金，为文化项目提供财政补贴和资金支持，加强对文化创意企业的金融支持。

再次，知识产权保护也是文化产业政策支持的重要内容。国家通过完善知识产权法律法规、加大执法力度和建立完善的知识产权保护机制，保护文化产业的知识产权，鼓励文化创意的创作和创新。这不仅可以保护文化产业企业的合法权益，还能激发企业的创新活力和竞争力，推动文化产业的健康发展。

最后，国家还可以通过扶持人才培养、文化市场建设、国际交流合作等方面的政策支持，全面推动文化产业的发展。例如，设立专门的人才培训计划和奖励机制，吸引和培养文化产业领域的专业人才；建设良好的文化市场环境，提供丰富多样的文化产品供消费者选择；加强与其他国家和地区的文化交流与合作，拓展国际市场。

综上所述，文化产业政策支持力度对于国家的文化产业发展至关重要。通过税收优惠、金融扶持、知识产权保护等政策措施，国家可以为文化产业企业创造良好的发展环境，促进创新和创意的涌现，推动文化产业的蓬勃发展。

第三节　国际文化贸易及其竞争力相关的理论基础

一、比较优势理论

1. 比较优势理论的内涵

一国产业的国际竞争力主要源于其生产成本的优势，这是研究国际竞争力的最基本理论依据。英国经济学家大卫·李嘉图（David Ricardo）提出的比较优势理论认为，在市场机制的作用下，一国的资源会被分配到生产效率较高的产业中，一个产业的国际竞争力不仅取决于其绝对成本优势，还取决于相对成本优势，但该理论并未解释不同国家之间劳动生产率和比较优势存在差异的原因。比较优势理论主要用于解释国际分工体系下产业竞争力的来源。该理论认为，在资源和生产要素固定的情况下，各国可以从国际贸易中获得利益，因为各国所拥有的资源和生产要素不同，具有不同的生产效率，可以专注于自己的优势产业，通过贸易实现资源的有效配置和生产效率的提高。此理论针对国际贸易进行分析，强调各国之间的分工与合作的重要性。比如，假设国家 A 生产苹果与橙子的成本分别是 1 元与 2 元，而国家 B 生产苹果与橙子的成本分别是 3 元与 4 元。显然，国家 A 在两种产品上都有绝对优势。根据大卫·李嘉图的比较优势理论，国家 A 应专注于生产苹果，因为它在生产苹果上的机会成本较低（相对于生产橙子），而国家 B 应专注于生产橙子，因为它在生产橙子上的机会成本较低

（相对于生产苹果）。通过这种方式，两国可以通过贸易各自获得对方以更低机会成本生产的产品，从而实现共赢。即使某个国家在所有领域中都比另外一个国家先进，也不能以高价向另一个国家销售所有产品，因为此举有可能导致外国客户购买其他类似产品，以及对高价货物的政治反对。因此每个国家都面临着主动放弃某一绝对优势产品的选择，以换取其他国家相对更低价格的产品。通过比较优势理论，国家或公司可以更好地了解自身与其他国家或公司的相对优势与劣势，发现自身擅长生产的产品或提供服务的领域，提高经济效率与竞争力，并实现资源的有效利用与分配，从而促进经济繁荣和世界贸易的发展。该理论也为国际贸易的自由化提供了理论基础，推动了世界贸易的发展。后来，埃里·赫克歇尔（Eli Heckscher）和伯特尔·G. 俄林（Bertil G.Ohlin）在要素禀赋论中提出：一国应该在出口生产过程中使用该国相对较充足要素的产品，同时在进口生产过程中使用该国相对稀缺要素的产品。这一理论对比较优势理论进行了完善，然而它忽略了要素的动态变化效应。

2. 比较优势理论对文化产品贸易的适用性

比较优势理论虽然最初针对的是国际贸易，但也可以应用到文化贸易中。在文化贸易中，比较优势理论可以用来解释文化产业的分工和合作，以及各国文化产品贸易的优势与劣势。每个国家或地区都有自己的文化历史和传承，不同的国家或地区在文化产业和产品的生产方面也存在着不同的优势。例如，法国以时尚、美食、艺术等方面的创意产业享有盛名；英国以音乐、电影和出版等领域的文化产品而著名；美国以电影、音乐和电子游戏等为代表的娱乐类文化产品而闻名于世。这些国家有不同的文化资源和产业结构，就好比有着不同的生产要素和资源，可以通过合作和交流来实现文化产品的分工和合作。每个国家都可以将自己的文化产品出口到其他国家，也可以借鉴其他国家的文化产品，实现互利共赢。比较优势理论为文化贸易提供了理论基础，鼓励各国在文化产业和产品的生产和消费方面寻求自身的优势和特色，也鼓励各国之间进行合作和交流，实现资源的有效利用和文化产业的共同发展。

本书所指的文化产业是指那些向人们提供文化产品和文化服务的行业。从贸易的角度来看，文化产业的国际贸易包括文化商品贸易和文化服务贸易。对基于有形产品贸易形成的比较优势，在文化商品贸易中被广泛认可，但是对于包括文化服务在内的服务贸易，学术界存在争议。美国经济学家费克特库蒂（Feketekuty）从服务贸易与商品贸易的特点和统计方式的角度分析，得出比较优势理论无法用于服务贸易的结论。R. 迪克（R.Oick）和 H. 迪克（H.Oick）利用“显性比较优势法”对 18 个经济合作与发展组织（OECD）国家的要素禀赋对服务贸易的影响进行实证分析，结果认为要素禀赋对服务贸易没有重要影响。桑普森（Sampson）和斯奈普（Snape）认为，在分析服务贸易时，比较优势理论的应用需要放弃“生产要素在国家间不能流动”的基本假设。与此同时，一些经济学家通过研究认为比较优势理论可以适用于服务贸易，其中斯皮尔（Speer）、卢茨（Lutz）、辛德拉尔（Sindelar）、斯库兹（Skuz）等人是代表性的学者。皮尔（Pierre）和卢茨通过对52个国家的货运服务、客运服务和保险服务三个行业的实证研究，得出比较优势理论适用于服务贸易模式。辛德拉尔、史密斯（Smith）和斯库兹都认为比较优势理论是适用于商品和服务贸易的。在迪尔道夫（Dierdorf）、塔克（Tucker）、桑德伯格（Sandberg）和伯格斯（Bogs）的研究中，他们认为比较优势理论虽然在服务贸易分析中存在一定缺陷，但仍然同意比较优势理论可以用来解释服务贸易。总体来说，国内外学术界更倾向于认同后一种观点，并将其作为分析文化产品贸易的基础。

3. 文化产品贸易的比较优势决定因素是多方面的

文化产品与普通商品不同，既具有精神属性，又具有商品属性。在精神属性方面，文化产品反映社会生活，包含创作者的审美观念和意识形态。在商品属性方面，文化产品与一般商品一样具有使用价值和价值，并且可以在市场上进行交换。文化商品的生产同样需要人们的体力劳动和脑力劳动，但高端的文化产品与一般物质产品不同，它必须是创造性劳动的成果，在内容、形式或观念上具有显著的独特性。此外，文化产品的生产对技术依赖性较强，某些文化产品的发展直接与技术相关。基于以上对文化产品特点的分析，对于我国文化产业参与国际分工与贸易的比较优势考察可以从以下几个方面进行。

（1）文化资源要素禀赋。文化产品的生产和创作中包含的资源要素主要包括历史人文环境、自然地理环境、传统文化资源等。

（2）物质资本。物质资本主要是指在文化产品生产过程中使用的先进机器设备和基础设施等。

（3）人力资本。从人力资本要素分析我国文化产业的比较优势，一方面要注意劳动力的丰富和成本，另一方面还要认识到人力资本的异质性对于产生差异化的文化产品具有重要影响。

（4）技术因素。在文化产品贸易中，技术进步不仅可以降低产品成本，还是影响文化产品品质的重要因素。一项新技术的发明和应用，甚至可以使一国或企业在某个领域拥有比较优势地位。

因此，以上因素在我国参与国际文化产品贸易中的比较优势具有重要意义。

二、竞争优势理论

竞争优势理论，又称产业竞争力理论，是由美国哈佛大学商学院教授迈克尔·波特（Michael Porter）提出的管理理论。该理论将竞争优势解释为一个国家某产业在国际竞争中占据较高地位。国家的竞争优势主要由四个关键要素决定，包括生产要素、需求条件、企业战略结构和竞争、相关和支持性产业。这四个要素之间存在典型的双向作用。此外，政府和机会两个辅助要素与前四个要素共同发挥作用，这六个要素之间具有相互依赖的整合作用。由于这六个要素形成了类似钻石形状的关系图，因此竞争优势理论也被称为“钻石理论”。

生产要素分为基本要素和高级要素。对于文化产业而言，高级要素主要是人力资源，基本要素主要是文化资源。需求条件主要是指在国内经济条件下市场的实际需求。在分析国内需求规模的基础上，波特还考察了国外需求规模和潜在需求规模，并对文化产业的需求结构进行了分析。相关产业是指与所分析产业相关的产业和支持产业。同时，在相关产业协调与支持要素中，还关注相关产业之间是否相互促进发展，以提高国际竞争力。波特认为，企业所处产业的特性会决定企业的竞争优势，一个成熟、高度竞争的行业对企业的挑战也比较大，而企业自身的能力和资源则是企业获得竞争优势的重要因素，这些能力和资源包括品牌价值、专利技术、供应链和渠道管理、运营效率、成本控制等。基于这些因素，波特提出了三种经典的竞争优势战略。

（1）成本领先战略。企业通过产品制造和供应链效率等方面的成本控制，而在同一产业内以价格优势获得市场份额。

（2）差异化战略。企业通过独特的品质、技术或品牌等，让自己的产品在同一市场上与其他产品进行差异化竞争，以更高的定价或更高的市场份额来获得利润。

（3）专注战略。企业专注于某一特定市场细分领域，发掘该市场的需求并提供有针对性的产品和服务。

三、SWOT 分析法

SWOT 分析法是指对企业自身的优劣势与机会威胁进行分析，以此来确定企业的战略方向和竞争策略。SWOT 分析法是由美国管理学家肯尼思·R. 安德鲁斯（Kenneth

R.Andrews）在 20 世纪 60 年代提出的。安德鲁斯是哈佛商学院的一名教授，他认为在制定企业战略的过程中，需要全面考虑企业的优势、不足、机会和威胁等因素，以确定企业的发展方向和未来的竞争策略。SWOT 分析法因具有全面性、实用性、易操作等特点，被广泛应用于企业运营管理领域，并在全球范围内得到了广泛的认可和应用。

SWOT 分析法是一种常用的管理工具，用于研究企业内部和外部环境的优劣势，确定企业的发展战略。SWOT 分析是一个缩写，分别代表 Strengths（优势）、Weaknesses（劣势）、Opportunities（机会）和 Threats（威胁），即通过对企业自身的优势、劣势，以及市场和环境中的机会、威胁进行分析，确定企业的发展方向和竞争策略。SWOT 分析法在文化贸易中同样具有重要的应用。

（1）优势。文化贸易中的优势主要指文化产品的自身优势和文化产业的竞争力等方面的优势。企业可以通过 SWOT 分析法评估自身的产品质量、品牌知名度、独创性、价格等方面的优势，也可以评估自身拥有的资源和能力，如人才、技术、品牌等的优势。

（2）劣势。文化贸易中的劣势主要指自身生产的文化产品或文化产业的不足或局限等方面的能力劣势。企业可以通过 SWOT 分析法，评估自身的产品研发、市场推广、生产管理等方面的不足，以及自身在国际市场上面临的一些挑战和限制。

（3）机会。文化贸易中的机会主要指企业可以利用的外部环境和市场机遇。企业可以通过 SWOT 分析法，评估市场营销、品牌形象、国际贸易，以及政府对文化产业的支持和国际市场需求等方面的机会。

（4）威胁。文化贸易中的威胁主要指企业面临的外部风险和挑战。企业可以通过 SWOT 分析法，评估市场竞争、政策变化、货币波动、版权问题，以及文化产业国内外竞争等方面的威胁。通过 SWOT 分析法，企业可以在文化贸易中寻找自身的优势和劣势，抓住市场机遇，应对市场挑战和风险，提高经营决策的准确性和成功率。同时，SWOT 分析法也可以为政府和其他文化产业组织提供策略参考，促进文化贸易的发展。

四、五力模型

五力模型是竞争力理论中的一种分析工具，可以用来分析行业的市场竞争和制定相应的竞争策略。该模型由麦肯锡公司咨询顾问迈克尔·波特（Michael Porter）在 20

世纪 80 年代初提出。该模型主要从五个方面来分析行业的市场竞争。

1. 市场竞争者

该方面主要针对已有的竞争对手进行分析，包括它们的市场占有率、市场份额、产品品质、定价策略，以及市场策略和行动对企业的影响等因素。

2. 潜在进入者

该方面主要分析行业中可能出现的新竞争对手，包括进入的门槛、技术资本要求、法律政策，以及潜在竞争者进入市场对企业的影响等因素。

3. 替代品供应者

该方面主要分析行业中可能替代企业当前产品或服务的替代品，包括替代品的价格、品质、市场占有率，以及替代品对企业市场份额的影响等因素。

4. 供应商

该方面主要分析企业的供应商对企业的影响，包括对供应商的议价能力、交货能力、供货稳定性，以及供应商对企业成本、质量和市场竞争力的影响等因素的分析。

5. 消费者

该方面主要分析消费者的需求、购买行为、消费能力，消费者对产品品质、价格、品牌等因素的关注程度和决策过程，以及消费者的选择对企业市场份额和盈利的影响。

通过对五力模型进行分析，企业可以了解行业市场竞争的现状和趋势，制定相应的竞争策略并优化业务运营，以提高企业的市场竞争力。

五、钻石模型

1. 钻石模型的含义

20 世纪 80 年代，美国哈佛大学商学院教授波特在《国家竞争优势》一书中将产业经济学和企业战略管理两个研究领域结合起来，系统地提出了竞争优势理论。该理论强调全球竞争的基本原则是要了解某个国家在某个产业中特别具有竞争力的原因，而不仅仅是为什么某个国家具备竞争力。他进一步提出了国家竞争优势的“钻石理论”，成为国际竞争战略和国际竞争力研究领域的权威之一。

竞争优势理论认为，一个国家产业的发展受商业环境的影响，而商业环境的优异将决定一个国家在特定产业中的国际竞争力，从而使本国公司获得竞争优势。影响商业环境的四个基本要素是生产要素、需求条件、企业战略结构和竞争、相关和支持性产业，这四个要素相互作用，形成了一个国家或地区产业的竞争力基础。这一模型还包括两个辅助性因素：政府和机会。政府可以通过政策影响钻石模型的四个角，而机会是指偶发事件对产业竞争力的影响。著名的钻石模型可用于分析国家或地区的竞争力（图 2-1）。

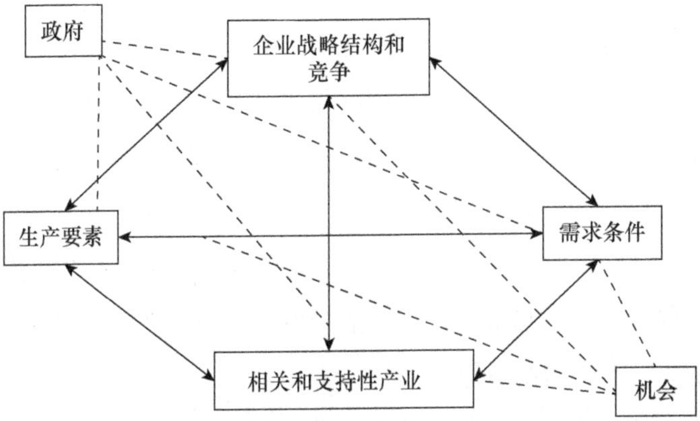

图 2-1　波特“钻石”模型示意图

因此，竞争优势理论提供了一种分析国家竞争力的框架，将产业经济学和企业战略管理相结合，对于解释为何某个国家在特定产业中具备竞争力具有重要意义。

（1）生产要素。钻石模型中的生产要素指国家或地区在文化产业中所拥有的生产要素，包括劳动力、技术、自然资源和文化资本等。在文化贸易中，每个国家或地区都有着不同的文化资源和产业结构，如人才、创意、自然环境和文化遗产等，这些因素条件都将影响文化产业的竞争力和贸易优势。

（2）需求条件。需求是指国内市场对某种产品或服务的需求程度。在该方面的分析中，波特提出了“卡车警告器”的例子，该产品原是为美国大卡车司机开发的安全设备。美国的高速公路上交通事故频发，从而促使美国在这一专业领域上产生了先发优势，这一优势的形式正是来自对需求的深刻理解以及市场现状的明智把控。在文化贸易中，需求条件的变化直接影响文化产品的市场表现和文化产业的发展方向。如需求增加会促进文化产业的增长和发展，而需求减少则会影响文化产业的经济效益和国际地位。

（3）相关和支持性产业。钻石模型中的相关和支持性产业指国家或地区中其他产业对文化产业发展的支持和相互关联程度。相关和支持性产业是指各个产业相互关联、相互支撑，形成一个较为完整的产业链。在文化贸易中，相关和支持性产业的产生和发展，如媒体产业和旅游业等，对文化产业的拓展和国际化起着重要的支持作用。相关和支持性产业的发展也可增强双方的国际竞争力。

（4）企业战略结构和竞争。企业战略结构是指企业内部的管理和运营方式，包括企业的领导者、人力资源、管理制度等方面。波特认为企业结构和策略的不断改善能够促进企业的竞争力提高，并促进国家或地区的发展。竞争指国家或地区中相互竞争及合作的企业，包括竞争性产业和相关产业等方面。在文化贸易中，竞争性及相关企业的存在和发展对文化产业的竞争力和国际化程度起着重要的作用。具有一定规模和影响力的企业在本国或海外市场上的表现将对文化产业的国际化发展产生影响。

（5）政府和机会行为。政府和机会这两个重要因素也将会对一国或产业的竞争优势产生重要影响。机会主要是指超出企业控制范围内的偶发事件，如技术的重大创新，看企业能否借助偶发事件，形成和增强产业的竞争优势。政府则通过制定产业政策等方式直接影响企业、产业的竞争优势。

钻石模型理论认为产业的竞争优势将随着时间与条件而不断变化，因而各项影响因素也可能会不断变化，要想获得竞争优势，就必须让这六大要素相互配合与协调。

2. 钻石模型的文化贸易竞争力分析的适应性

将钻石模型应用于文化贸易竞争力分析时，生产要素可以分为初级生产要素和高级生产要素。初级生产要素主要指自然资源等先天拥有的要素，而高级生产要素则是指经过长期发展和投入形成的要素条件，包括基础设施、人力资源、资本资源和创意资源等。一个国家的竞争优势主要由高级生产要素决定，初级生产要素必须逐步转化为高级生产要素才能形成更长期的竞争优势。在文化贸易中，高级生产要素对竞争力的影响非常重要，包括拥有的文化和相关资源、劳动力总数、教育公开支出、人力资本等。

需求条件包括国内需求和国外需求两个方面。国内需求对国家的竞争力有重要影响，不断扩大的国内市场需求是企业持续创新和发展的动力，庞大的国内需求促进企业扩大生产规模并形成规模效应，从而产生竞争优势。国外需求是文化贸易走向世界、扩大影响力的基础，国际化的需求促使更多企业创新文化产品，提供高质量文化服务，推动文化贸易的国际化发展。GDP、人均 GDP、人类发展指数、居民最终消费支出等可以代表国内需求，而各国或地区的文化贸易额代表国际需求。

相关和支持性产业包括具有相似营销渠道和相关技术的产业，以及能够生产充足数量的高品质文化产品或提供高品质文化服务，并推动其他相关产业发展的支持性产业。以上这些产业可以提升一个国家特定产业的竞争优势。相关和支持性产业的体现包括国内互联网的发展、权威展会的支持等。

企业战略结构和竞争对于本国文化产品和服务的竞争优势具有重要影响。国内企业之间的竞争会促使企业积极创新，不断提高产品和服务质量，推动企业不断发展并形成竞争优势。国内上市的文化产业公司规模、预期发展目标等可以代表企业战略结构和竞争。

政府虽然不会直接影响产业竞争力，但可以通过制定相关政策影响产业环境。政府对文化产业的重视和扶持，制定文化贸易优惠政策和法律制度等都有助于提升文化贸易的竞争力。机会指的是不受控制的偶发事件，如全球数字经济的发展、汇率波动等，都会对文化贸易产生影响。

钻石模型可以帮助国家或地区全面了解国际文化产业竞争格局和规律。解决文化贸易所面临的问题和挑战需要提升国际文化产业竞争力。通过运用钻石模型，国家或地区可以更好地了解本国或本地区文化产业的发展优势和劣势，优化文化产业的生产结构，优化市场资源配置，推动文化产业的国际化和国际竞争力的提升。通过对钻石模型进行分析，国家或地区可以了解其产业结构、竞争优势和发展潜力等情况，为经济发展提供科学指导。

第三章　广东文化贸易发展阶段及现状问题分析

第一节　文化贸易发展阶段分析

中华人民共和国成立后的三十年间，由于经济、政治、文化等各方面的影响，文化贸易发展缓慢，但随着改革开放的推进，中国的文化贸易得到恢复和发展。

一、中国文化贸易发展阶段

1. 缓慢发展阶段（1978—2000 年）

1978 年以来，文化领域逐步开放，我国进入文化贸易探索阶段。1979 年，中国成立了第一家对外经济贸易公司——中国艺术品进出口公司，这标志着中国文化贸易在形式上的正式开始。1980 年，中国开始了与各国的文化贸易合作，一批优秀的文化产品走出国门，如《黄河大合唱》等。改革开放以来，中国对外文化交流进入了繁荣发展的阶段。数据显示，1980—1991 年，中外文化交流计划共执行了 253 个，涵盖了文化、艺术、教育、科学、新闻、出版、电影、电视、文物等领域。然而，在这一时期，中国文化“走出去”更多地以文化交流的形式进行，对以市场形式体现的文化贸易的重视不够（李怀亮，2016）。尽管相关部门的政策法规涉及演出、版权等文化贸易内容，但主要以规范管理为主，缺乏对文化交流和文化贸易行为的支持和鼓励。在这个时期，中国文化贸易以出口为主，涉及武术、书画、陶瓷、丝绸面料等文化产品、艺术品，形成了一定的对外贸易规模。然而，由于采取集中统一经营、行政化管理等方式，限制了市场机制的发挥，国内的文化市场受到了一定的限制，整个文化贸易市场还很小，并没有真正进入高速发展期。

2. 平稳起步阶段（2001—2004 年）

我国文化产业起步较晚，党中央在 2000 年才明确提出要大力发展文化产业，因而新世纪初我国政产学研界关注的重点均在文化产业的概念梳理、内涵解析以及统计指标选择等问题上，对于文化“走出去”问题的关注显得相对不足。中国加入世界贸易组织后，根据我国“入世”的承诺，要逐步开放文化市场。因此，文化贸易才得到各方关注，国家出台了一系列相关政策和规划。为贯彻落实党的十六大精神，2003 年 9 月，文化部在相关文件中首次明确提出要实施“走出去”战略，通过优惠政策为文化企业参与国际竞争、抢占国际市场份额以及提高企业在国际上的竞争力创造必要条件。十六届三中全会提出继续实施文化“走出去”战略，培养一批大型文化企业集团，提振我国文化产业的整体实力以及在国际上的核心竞争力。文化产业相关的政策文件如《文化产业发展规划纲要》等也陆续颁布实施，促进了文化产业的快速发展。电影、电视、动漫、游戏等新兴产业快速崛起，同时，传统文化产品仍然深受国际市场欢迎，但这一时期的促进文化产品和服务出口的具体政策并没有配套完善，因而文化贸易发展相对缓慢。

3. 快速推进阶段（2005—2014 年）

自 2005 年起，中国政府高度重视文化产业和文化贸易的发展，并相继颁布了一系列政策文件，以引导和推动优秀文化产品、龙头企业以及知名文化品牌积极参与国际市场竞争，寻求合作并在合作中竞争，积极推广中华优秀文化，为我国文化贸易的发展做出了巨大贡献。

这一时期也是频繁出台文化贸易促进政策的阶段。如果将文化贸易划分为进口和出口两个方面，那么这些促进政策就可以分为鼓励出口和限制进口两种类型。鼓励出口的政策包括出口奖励和补贴、税收支持、金融支持、服务保障支持以及体制改革等；而限制进口的政策主要涉及关税和非关税壁垒，其中我国主要通过关税对文化产品进口进行限制，对文化服务和内容产品的进口则采取非关税壁垒措施。

通过一系列文化贸易扶持政策的实施，我国的文化产品和文化服务进出口总额显著增加。尽管绝对值呈快速增长，但文化产品和文化服务领域存在明显的逆差。例如，2013 年年底，我国电视节目进出口总额达到 768 236.3 万元，电视剧进出口总额达到 337 474.4 万元，动画片进出口总额达到 9 300 万元，除动画片领域外，电视节目和电视剧均呈现高额的逆差状态。2012—2014 年的数据显示，以旅游、知识产权使用费和特许权使用费、咨询、广告宣传、电影音像、计算机和信息服务为代表的文化服务贸易净出口总额连续增加，但在旅游、知识产权使用费和特许权使用费以及电影音像领域均表现为明显的逆差状态。

4. 文化贸易发展新阶段（2015 年至今）

随着我国对外文化贸易的出口鼓励政策不断出台，文化产品贸易和文化服务贸易规模不断扩大，种类不断增加，结构得以优化。为进一步推动文化贸易的发展，2014 年 3 月，国务院发布了《国务院关于加快发展对外文化贸易的意见》（国发〔2014〕13 号），从支持重点、财税支持、金融服务、服务保障四个方面提出了明确的政策措施，以促进对外文化贸易的发展。《文化部关于贯彻落实〈国务院关于推进文化创意和设计服务与相关产业融合发展的若干意见〉的实施意见》强调了提升文化产业创意水平和整体实力，同时发挥文化创意和设计服务对相关产业的支持带动作用，提高我国文化产品的竞争力，拓展境外市场。2015 年 12 月，国务院发布了《关于加快实施自由贸易区战略的若干意见》（国发〔2015〕69 号），该文件指出，加快发展对外文化贸易，创新对外文化贸易方式，推出更多体现中华优秀文化、展示当代中国形象、面向国际市场的文化产品和服务。2020 年 10 月，国务院办公厅印发《关于推进对外贸易创新发展的实施意见》（国办发〔2020〕40 号），此文件指出，加大对国家文化出口重点企业和重点项目的支持，加强国家文化出口基地建设。2022 年 7 月，商务部等 27 部门印发《关于推进对外文化贸易高质量发展的意见》（商服贸发〔2022〕102 号），文件以推进对外文化贸易高质量发展为主题，着力加强顶层设计和统筹协调，着力推动体制机制改革和内容形式创新，着力促进文化贸易规模增长和结构优化。

此外，政策的延续性也得到保持。例如，《文化产品和服务出口指导目录》（2012）规定，商务部、中宣部、财政部、文化部和新闻出版广电总局（现为国家新闻出版署）每隔一年公布《国家文化出口重点企业》和《国家文化出口重点项目》，促进文化产品的出口。

从新时期的政策走向和我国的文化贸易实践来看，我国的文化贸易有三个突出特征：一是全方位的文化贸易扶持发展体系已经形成，不仅包括直接的出口鼓励和进口限制政策，还包括与创意、科技和金融等领域的融合，文化贸易的统计指标和体系也在不断完善；二是随着我国市场经济体制改革的深入进行，文化企业成为文化贸易的主要主体，政府的角色发生了转变，主要为文化企业的发展和文化贸易的发展创造政策条件和构建平台；三是我国越来越重视核心文化产品和文化服务的国际竞争力，创造各种条件鼓励和推进核心文化产品和文化服务的出口，发展壮大我国的文化创意产业。

综上，中国的文化贸易经历了缓慢发展阶段、平稳起步阶段、快速推进阶段和文化贸易发展新阶段，并不断适应国际市场、不断提升文化自信，加速了文化贸易和文化产业的深入发展，并在此过程中逐步成为全球文化经济的重要参与者。

二、广东文化贸易发展阶段

广东文化贸易发展阶段与我国的文化贸易发展阶段基本一致，广东省作为我国文化产业发展活跃的地区之一，又是我国贸易强省，因此，在文化贸易发展过程中有着自己的特点。改革开放后文化贸易发展的绝大部分时间里，广东都扮演着我国文化贸易的探索者与引领者的角色。自改革开放以来的四十余年里，广东从文化资源要素相对贫乏的边缘省份一跃成为我国文化产业第一大省和文化贸易大省。

1. 缓慢发展阶段（1978—2000 年）

自我国开始对外开放，广东省就成为中国对外门户，文化交流和贸易也开始发展。1991 年国务院批转文化部《关于文化事业若干经济政策意见的报告》，为广东文化贸易的迅速发展提供了制度保障。此时，广州、深圳等城市的文化贸易市场积极响应，相关人员和机构纷纷入驻，促进了文化贸易市场的发展。得益于比邻港澳的地缘优势和改革开放先行地的政策优势，在国内风气未开、文化生产经营体制机制僵化、文化供给不足的背景下，广东得改革开放风气之先，先行先试，以文化传媒企业的出现为标志，在流行音乐、歌舞演艺、影视剧以及广播电视娱乐栏目等演艺娱乐文化领域，在报刊、图书、音像制品等出版领域，以及广告、动漫、文化旅游、工艺美术以及文化产品制造等很多领域抢占了先机，并发展成为传统优势产业。其中，以流行音乐与报业的成就最为辉煌。20 世纪 80 年代至 90 年代，广东是中国流行音乐的“发源地”和“梦工厂”，粤语歌曲、粤版歌曲红遍全国。20 世纪 90 年代到 21 世纪初，广东报业则引领中国报业的创新发展，在全国十大报业集团中广东占其四，《广州日报》广告收入连续多年蝉联全国第一，南方报业集团被称为报业中的“黄埔军校”。2000 年，广东文化产业增加值已达 39.68 亿元，居全国首位，是第二位上海的 2.75 倍。1978—2001 年，广东文化产业增加值增长了 27 倍，年均增速达 15.6%。

虽然相较于全国其他省市，广东文化贸易发展较为亮眼，但广东文化贸易却发展缓慢，主要经营内容为进口音像制品、电子游戏、文化艺术品等，文化贸易国别地区和文化贸易产品类别都较为单一。

2. 快速发展阶段（2001—2010 年）

2003 年，中央启动文化事业与文化产业分离、政府与市场双轮驱动的文化体制改革，其文化产业成为重要产业门类以后，广东省人民政府先后做出“建设文化大省”（2004 年）、“建设文化强省”（2010 年）的重大决策，文化产业作为国民经济新增长点以及经济转型升级的重要引擎被寄予厚望。广东省人民政府出台了一系列促进文化产业发展的政策举措，广东文化产业由市场自发发展转入政府大力推动发展的快车道。面对国际市场，特别是欧美等发达国家和地区的文化产业强劲发展，国内市场也在逐年扩大。广东文化产业和文化企业为适应市场和政策环境要求，开始向高技术文化产业、文化创意产业转型。

3. 创新发展阶段（2011 年至今）

这一阶段，广东文化贸易进一步发展，已经不再是简单的文化产品贸易，而是向文化创意产业拓展，涉及更加多元的领域，如文化展览、剧场演出、艺术品展销等。同时，互联网的崛起为广东文化贸易带来了更多的机遇和挑战，推动了广东文化贸易向数字化、智能化方向发展。进入 2010 年，互联网数字革命正在改变我国文化产业生态，以“文化 + 科技 + 资本”为主要特征的文化科技产业成为带动文化产业创新发展的引擎，并成为核心产业。党的十八大以来，广东充分利用经济第一大省雄厚的经济实力以及活跃的资本市场，大力推动文化与科技、资本的融合，以文化科技带动产业结构优化与产业效益的提升，培育了一大批文化科技骨干、领军企业，锻造出一支引领全国产业发展的文化科技粤军，涌现出腾讯、网易等一批以高新技术为支撑、以数字内容为主体、以自主知识产权为核心的文化科技型企业，在移动新媒体服务、网络游戏、数字出版、数字音乐、动漫影视、网络信息服务、数字印刷等文化科技主要业态，以及大数据、4K 电视、虚拟现实和增强现实、人工智能等文化科技前沿领域，均处于国内领先地位，成为带动中国文化产业创新发展的主要力量。

党的十九大以后，广东全面开启“创新驱动、融合发展”模式，文化与科技、资本以及制造业、旅游业、农业等相关产业的融合已成为文化产业创新发展的重要特征，在新技术驱动以及资本的支撑下，广东的网络游戏、数字音乐、互联网娱乐、文化制造等领域正在进入发展的快车道，并快步走向世界舞台。广东文化产业已进入资源优化整合、注重内涵发展、注重质量效益的精细化、科学化发展新阶段。

总体来说，广东文化贸易经历了缓慢发展、快速发展和创新发展三个阶段，对广东文化产业和经济发展都产生了重要的影响和推动作用。广东文化贸易的发展不断推动着文化创意产业的发展，促进了广东经济的增长，同时凸显了我国文化的影响力。

第二节　广东文化产业与文化贸易现状

一、广东文化产业现状

1. 广东文化产业概况

文化产业的发展和文化贸易的扩大互为因果，相互促进。随着全球化进程的不断推进，文化产业和文化贸易已经成为越来越重要的经济增长点，而一个国家的文化实力是决定其在文化贸易中所占份额的关键因素之一。文化产业只有拥有丰富多彩的文化资源和强大的文化基础，才能够生产出优质的文化产品，并在国际上获得更大的影响力和收益。因此，加强文化产业的培育和发展，提升文化实力，积极参与全球文化贸易交流与合作，对于提高国家的经济实力、软实力和国际竞争力都具有十分重要的意义。

根据国家统计局统一核算，2021 年广东文化及相关产业实现增加值 6 910.06 亿元，比 2020 年增长 11.3%（未扣除价格因素），占全省地区生产总值的比例为 5.54%，较 2020 年同期回落 0.05 个百分点。

2021 年广东文化及相关产业分类如下：

（1）从行业大类看，文化制造业、文化批发和零售业增速较快，贡献明显。2021 年，全省文化制造业实现增加值 2 575.6 亿元，比 2020 年增长 13.7%，占文化及相关产业增加值的比例为 37.3%，提高 0.8 个百分点；文化批发和零售业实现增加值 599.5 亿元，比 2020 年增长 18.4%，占文化及相关产业增加值的比例为 8.7%，提高 0.5 个百分点；文化服务业实现增加值 3 734.9 亿元，增长 8.6%，占文化及相关产业增加值的比例为 54.1%，回落 1.3 个百分点。

（2）从活动性质看，2021 年，全省文化核心领域实现增加值 4 224.3 亿元，比 2020 年增长 9.6%，占文化及相关产业增加值的比例为 61.1%；文化相关领域实现增加值 2 685.9 亿元，增长 14.1%，占比为 38.9%。

2021 年广东文化及相关产业情况见表 3–1 至表 3–3。

表 3-1　2021 年广东文化及相关产业情况（1）

分类名称	增加值 / 亿元	比上年增长 / %	占文化及相关产业增加值的比例 / %
分行业大类（文化及相关产业）	6 910.0	11.3	100.0
文化制造业	2 575.6	13.7	37.3
文化批发和零售业	599.5	18.4	8.7
文化服务业	3 734.9	8.6	54.0

注：绝对额按当年价格计算。

表 3-2　2021 年广东文化及相关产业情况（2）

分类名称	增加值 / 亿元	比上年增长 / %	构成 / %
分活动性质（文化核心领域）	4 224.3	9.6	61.1
新闻信息服务	1 153.6	–2.7	16.7
内容创作生产	1 533.5	14.3	22.2
创意设计服务	954.5	12.3	13.8
文化传播渠道	410.8	23.4	5.9
文化投资运营	29.9	–4.6	0.4
文化娱乐休闲服务	142.0	23.7	2.1

注：绝对额按当年价格计算。

表 3-3　2021 年广东文化及相关产业情况（3）

分类名称	增加值 / 亿元	比上年增长 / %	构成 / %
分活动性质（文化相关领域）	2 685.9	14.1	38.9
文化辅助生产和中介服务	1 038.3	11.0	15.0
文化装备生产	543.8	9.4	7.9
文化消费终端生产	1 103.8	19.6	16.0

注：绝对额按当年价格计算。

2. 广东总体经济发展迅猛提升了文化产业竞争力

根据广东统计信息网的数据，广东 2022 年生产总值为 12.91 万亿元人民币，约合 1.92 万亿美元，排名在全球国家 / 地区 GDP 第 11 位之前，其总体经济实力可见一斑。广东统计信息公报显示，2022 年，广东第一产业增加值为 5 340.36 亿元，增长 5.2%，对地区生产总值增长的贡献率为 11.8%；第二产业增加值为 52 843.51 亿元，增长 2.5%，对地区生产总值增长的贡献率为 52.9%；第三产业增加值为 70 934.71 亿元，增长 1.2%，对地区生产总值增长的贡献率为 35.3%。以上三种产业的比例分别为 4.1%、40.9%、55.0%，其中第三产业的比例最高，文化产业主要属于第三产业。广东人均生产总值为 101 905 元人民币（按年平均汇率折算为 15 151 美元），人均生产总值反映了国家或地区的经济发展水平，数值越高说明经济越发达，生活水平越高，购买力越强。广东人均生产总值达到发达国家水平，为文化产业与贸易的发展提供了强大的需求市场。

3. 文化产业已经形成一定规模

文化产业是文化贸易发展的基础，文化贸易发展的规模与速度取决于文化产业发展的规模与增长速度。广东是我国文化产业发展较早、较成熟的省份之一，2003—2022 年，广东文化产业规模总量持续居全国各省市之首：广电事业总资产、净资产、经营收入和有线电视用户数等主要指标连续多年排名全国第一；出版社数量、出版图书种类及图书销售量均居全国前列；报纸的种类、印数、总收入，报刊进口销售总额等主要指标均名列全国第一；音像业的规模与效益更在全国遥遥领先，录音制品发行总量占全国的 1/10，录像制品种数和发行量在全国位列第一，光盘生产能力和市场占有率占全国的一半；广东是全国规模最大、实力最强的印刷基地；是全国起步最早、实力最雄厚的影视动漫生产基地。广东文化产业已经成为广东的支柱产业，文化产业的出口额也一直处于全国领先地位。

广东文化产业发展情况的主要表现有以下四点。一是迅速增长的文化产业增加值。2021 年，广东文化及相关产业增加值相比 2012 年的 2 706 亿元，增长了 1.6 倍。全省有规模以上文化制造企业 4 267 家，营业收入 1.04 万亿元，均约占全国的 1/5，初步实现由文化制造向文化“智造”的飞跃。二是文化产业发展指标名列前茅。2021 年，广东文化产业单位总数、经营性文化单位数、文化产业增加值、文化产业从业人员数等主要发展指标均居全国第一。截至 2022 年年底，广东文化企业数量超过 66 万家。其中，规模以上文化企业超过 1 万家，收入达 2.1 万亿元，均约占全国的 1/6。此外，全省文化产业从业人员数量超过 300 万人。三是文化产业发展指数表现出色。中国人民大学文化产业研究院发布的“2022 中国省市文化产业发展指数”显示：广东连续五年综合指数位列前三，其中生产力指数排名第一，在产业主体、人力资源方面优势明显。四是数字产业方兴未艾。2022 年，全省数字创意产业集群营业收入为 5 728 亿元，增加值为 1 442 亿元，相关发明专利累计有效量为 6 521 件，居全国首位；广东数字出版产值超 2 100 亿元，动漫产值超 600 亿元；游戏业收入为 2 115 亿元，约占全国的 4/5；电竞收入则占全国的 70% 以上。根据《广东省培育数字创意战略性新兴产业集群行动计划（2021—2025 年）》，到 2025 年，广东数字创意产业营业收入将突破 6 000 亿元。

4. 建立较完善的产业门类，文化产业体系初步形成

珠三角地区具有良好的基础设施、发达的经济体制、成熟的配套体系及完善的金融服务，这些为文化产业发展奠定了良好的基础，使文化产业形成了以文化产品制造业为主导的迅速发展态势。文化产业门类包括新闻服务业、广电服务业、娱乐业、出版发行和版权服务业、文化艺术服务业、旅游业、会展业、动漫游戏业、广告业、电子信息业、文化用品、设备及相关文化产品等。在粤东、粤西、粤北地区，人们依靠历史文化资源优势，打造人文项目及特色文化产品，具体如下：一是以客家山歌为主的民间音乐项目；二是以广绣、广彩、陶塑等为主的传统手工技艺项目；三是以粤剧、潮剧等为主的地方戏曲项目。但由于经济基础差异等，文化产业发展具有鲜明的地域特征，珠三角地区为主导，粤东、粤西、粤北地区则发展较慢。

5. 政府导向大力支持文化产业发展

目前广东已经制定了《广东省关于加快文化产业发展的若干政策意见》《广东省培育数字创意战略性新兴产业集群行动计划（2021—2025 年）》《广东省促进文化和科技深度融合实施方案（2021—2025 年）》等多个支持文化产业发展的政策规章。《广东省文化和旅游发展“十四五”规划》提出，到 2025 年，更高水平的文化和旅游强省建设将取得重大进展，文化事业更加繁荣兴盛，文化和旅游产业发展质量显著提高，人民精神文化生活日益丰富；到 2035 年，建成更高水平的文化和旅游强省，文化事业更加繁荣，文化和旅游产业的整体实力和竞争力大幅提升，文化和旅游业为实现人民的全面发展、满足人民美好生活需要提供坚强有力的保障。

二、广东文化贸易现状

1. 广东文化贸易额逐年增加

中华人民共和国海关总署的统计数据显示，2021 年中国文化产品出口贸易额为 1 392.5 亿美元，相比 2020 年同期增长 420.5 亿美元，同比增长 43.3%。2021 年中国文化产品进口贸易额为 165.6 亿美元，相比 2020 年同期增长 50.7 亿美元，同比增长 44.1%。同时，中国文化服务进出口的国家或地区也日益多元化。2021 年与美国、爱尔兰和中国香港的文化服务贸易额占中国内地文化服务贸易总额的比例分别为 27%、11%、26%。我国与主要新兴市场国家（地区）的文化服务贸易也增长较快，2021 年文化服务贸易额较 2020 年增长 23%，主要集中于计算机服务、广告服务以及建筑设计等项目。

在全球对文化贸易的强烈市场需求和全国文化贸易方兴未艾的背景下，文化产业已成为广东重要的产业门类，形成了新闻服务业、出版发行和版权服务业、广电服务业、文化艺术服务业、娱乐业、会展业、广告业、旅游业、电子信息业、文化产品制造业等在内的比较齐全的文化产业体系，带动以文化产业发展为基础的文化贸易繁荣发展。近年来，广东文化贸易增长迅速，连续多年文化产品出口额居全国首位。2022 年 1—10 月，广东文化产品和服务出口贸易额为 3 451 亿元，同比增长 12.8%，全省形成较完备的文化产品出口体系，出口覆盖 160 多个国家和地区。广东入选国家 2021—2022 年度《国家文化出口重点企业名录》的文化企业达 47 家，占全国总数的 12.7%。

2. 广东文化贸易政策的支持现状

（1）大力扶持文化产业。广东对文化企业、项目和创意团队提供了多项资金支持和税收优惠政策，如设立文化产业发展专项资金、完善文化产业基金等。

（2）积极推动文化企业走出去。广东积极鼓励文化企业拓展国际市场，通过多种形式为其提供支持和服务，在海外推广中国文化，增强文化软实力。

（3）加大知识产权保护力度。针对文化产业中常见的侵权盗版问题，广东省人民政府加强对文化知识产权的保护，推进知识产权纠纷预防和解决机制，加强知识产权公共服务平台建设。

3. 广东文化贸易的市场现状

（1）文化市场规模逐年扩大。广东文化市场呈快速增长趋势，同时也表现出多元化、个性化、专业化等特点，各类文化产品和服务得到不断丰富和提升。

（2）文化企业数量不断增多。随着政府扶持政策的实施，越来越多的文化企业涌现，如网络游戏、文化旅游、电影制作等领域。

（3）文化产品呈现出国际化趋势。随着全球化的发展和中国的崛起，广东省文化产品逐渐走向世界，一些优秀的文化产业企业已经成为国际市场上的知名品牌。

4. 文化贸易相关人才队伍现状

广东在文化贸易领域拥有包括政府机构、企业和高校等在内的各类人才，人才队伍水平不断提升。

（1）政府机构人才队伍。广东省文化和旅游厅等政府机构主要负责文化产业的规划、管理及支持工作，其拥有一支专业的文化贸易人才队伍，具有良好的政策研究及推动实施经验。

（2）企业人才队伍。许多从事文化贸易的企业，如南方传媒集团、蓝港互动集团有限公司等均拥有一支专业的文化人才队伍。同时，这些企业也积极注重人才培养，制订了一系列人才培养计划，如南方传媒集团会定期开设各种行业技能培训课程，提升员工素质。

（3）高校人才培养。广东省有多所高水平高校，如中山大学等，拥有较为完备的文化艺术相关学科，涵盖了动画设计、数字媒体、文化市场营销、影视制作等领域的专业人才培养。这些高校采取与文化产业企业联合培养、实践环节和教学项目结合的方式，提供优质的人才资源支持。

总体来说，广东在文化贸易人才方面已经形成了一定规模和水平，同时在政府支持、企业培育和高校人才培养方面也不断提升。未来，广东还需要进一步加强队伍建设，为文化贸易行业输送更加优秀和有竞争力的人才。

5. 制度创新推动发展

（1）人才引进政策。为了加强文化产业高层次人才队伍建设，广东出台了许多优惠政策，如实施“百人计划”，在资金、配套服务设施等很多方面提供支持和保障。

（2）知识产权保护。广东高度重视知识产权保护，在法规建设、机制创新、信息共享等方面推出了一系列措施。例如，成立知识产权行政执法合作机构，建立起以版权登记为核心的全国联网版权交易平台等。

（3）数字文化市场建设。广东通过培育数字文化产业，搭建了数字文化交易平台、数字娱乐城市等一系列数字文化市场体系，有效地促进了文化产品在数字化环境下的开发和流通。

（4）金融资助政策。为了鼓励文化创意企业的发展，广东出台了一些金融资助政策，如设立文化产业融资担保基金，引导银行为文化企业提供专项信贷等，促进文化企业融资渠道拓宽、融资成本降低。

（5）海外市场开放。广东积极参与国际标准制定、知识产权保护、海外展览会等活动，拓展海外市场和国际合作机会。例如，广东在境外设立了文化产业园区，通过提供往返机票、住宿等支持，为文化创意企业走向海外市场提供保障。

（6）建设文化创意产业园区。广东文化创意产业园区数量超过 100 个，广东认定 6 个省级文化产业示范园区，同时建设了一批文化产业园区基地，从而使各具特色的文化产业集群不断壮大。羊城晚报报业集团运营的羊城创意产业园便是其中的代表，作为国家音乐创意产业基地和国家文化产业示范基地，目前在运营的园区总产值已超过300亿元，成功培育出9家上市公司。前瞻产业园区库的资料显示，截至2022年4月，广东文化创意产业园区的数量为 107 个。

总体来说，广东在文化贸易方面，推出了一系列措施，如不断加强制度建设、优化投资环境、加大政策支持、深度开放合作、强化知识产权保护等，来推动文化产业更好地发展和壮大。

三、广东文化贸易竞争力现状

广东作为中国东南沿海地区的经济中心和文化中心之一，其文化产业的发展水平和文化贸易的竞争力一直处于国内领先地位。广东文化贸易发展阶段与我国文化贸易发展阶段基本一致，广东文化贸易竞争力主要表现在以下几个方面。

1. 供给因素条件方面

（1）人口优势。广东人口众多，且大多数居民都具备较高的文化素养和国际化意识，在文化贸易方面具有很高的竞争力。

（2）地理位置优势。广东地理位置靠近中国香港和澳门，紧邻东南沿海，地处环渤海经济圈、长江三角洲经济圈、珠三角经济圈交汇处，便于与国内外文化产业进行交流和合作。广东地处中国南部，是一个经济先进、交通便利的地区，这为广东的文化贸易提供了得天独厚的条件。

（3）自然资源优势。广东是一个资源丰富的省份，具有优美的自然风景和悠久的历史文化底蕴。例如，广州古城墙、南越王博物馆、恩平参花山等文化景观，都有着很高的文化价值和吸引力。

（4）文化软实力提升。广东具有一千多年的传统文化底蕴，拥有得天独厚的文化资源，进入 21 世纪后，广东文化产业加快转型升级，文化产业规模增大、品质提高、品牌效应逐渐显现，提升了广东文化软实力。

2. 需求条件方面

（1）内部消费市场。一是广东文化消费市场日益成熟，人民对文化产品的消费需求不断增长，各种文化产品层出不穷。此外，广东的城市人口大多接受过较高层次的教育，拥有良好的文化素养，进一步增强了内部文化消费市场的消费需求。二是消费市场庞大。广东拥有中国最大规模的消费市场，人口密集度高，消费能力强，文化消费主体多，需求广泛，市场潜力巨大。

（2）外部市场需求。广东在海外市场上享有很高的声誉，其文化产品在东南亚等地市场极具竞争力。随着“一带一路”倡议的推动，广东的文化产品不断地向外扩展市场，从而进一步提高市场份额。

3. 相关及支持产业方面

广东文化产业的相关和支持性产业规模庞大，如娱乐业、旅游业、教育业和广告业等与文化产业相关的行业都十分发达。这些产业和文化产业相互促进、互相成就，充分体现了文化产业对于支持性产业的重要影响，进一步提升了广东全产业链的国际竞争力。广东的文化贸易得到政府的大力支持，政策制定和执行的力度强，关键领域得到资金和项目支持，对文化贸易产业发展起到积极的推动作用。广东省人民政府印发了《广东省文化和旅游发展“十四五”规划》《广州市文化和旅游发展“十四五”规划》和《深圳市文化产业高质量发展规划（2021—2025）》，并对“十四五”期间文化产业的发展目标做出了规划。

4. 竞争性及相关企业方面

一是广东文化产业众多，包括传统文化产业、新兴文化产业等。传统文化产业以丝绸、瓷器、广彩等知名品牌为代表，具有悠久的历史和经久不衰的市场需求，具有很强的竞争力。新兴文化产业如动漫、游戏、虚拟现实（Virtual Reality, VR）等产品在全省蓬勃发展，并在国内外市场上具有较强的竞争力，未来发展的潜力巨大。二是产业链齐全。广东文化产业较为齐全，涵盖文化创意、传媒、旅游、艺术、出版、版权等领域，产业链覆盖面广，基础产业与高新技术文化产业相互补充和促进。

综上所述，广东在文化贸易方面具有明显的竞争优势，培育了一批具有国际竞争力的对外文化贸易企业，文化产业已成为经济发展的支柱产业，同时提高了广东对外文化贸易占对外贸易总额的比重，为文化贸易发展奠定了坚实的基础。

第三节　广东文化贸易存在的问题分析

党的十八大以来，我国文化产品出口稳居全球第一，文化服务出口占我国服务出口的比重持续提升，文化贸易新业态、新模式不断涌现，培育了一批具有国际竞争力的文化企业、产品和品牌，对外文化贸易发展有明显成效。广东作为中国第一大文化产品出口省份，具有一定的文化产业优势。同时，也应该看到，广东文化贸易在发展过程中有诸多问题，亟须结合多方力量共同解决，致力于高质量的文化贸易发展。

一、对文化产业的实际财政支出占比偏少

我国中央及广东地方政府目前确实重视发展文化产业及贸易，提出了发展规划、优惠政策和促进战略等，给予文化产品出口最大的保障力度，但在某种程度上并未引起部分地区的重视。例如，相较于其他重点发展产业，对文化产业的实际财政支出比例偏少。从表 3–4 的财政支出数据可以看出，广东在文化有关产业的预算支出占总支出的比例较低，不同年度占比有上下浮动，在总额上也并没有随着经济的发展逐步增长。根据文化发展强国经验，文化总支出占到政府总预算 4% 或 5% 的水平是比较适合的，目前广东的文化财政总体支出情况偏低。政府的文化预算低，分配上也不平均。因此，政府提倡大力发展文化产业与贸易，应在财政支持上同步，除了持续发展中心城市的文化产业，对其余地区应适当侧重，否则文化贸易发展战略只会流于形式。

表 3–4　广东文化财政支出情况

年份 / 年	广东文化体育与传媒的财政支出 / 亿元	广东地方财政一般预算支出 / 亿元	广东文化体育与传媒的财政支出占总财政支出的比例 / %
2015	141.68	12 801.60	1.10
2016	229.71	13 414.40	1.70
2017	285.87	15 043.09	1.90
2018	321.84	15 737.37	2.00
2019	350.33	—	—
2020	417.22	17 484.67	2.40
2021	395.59	18 222.73	2.20
2022	426.19	18 509.93	2.30

数据来源：广东统计年鉴、前瞻数据库。

二、文化贸易国际竞争力有待提升

根据 2018—2022 年的广东统计年鉴数据，玩具、游戏、运动用品及零附件这类文化产品占全部文化出口产品的比例最大，照相及电影用品，艺术品、收藏品及古物，书籍、印刷品、设计图纸，乐器及零附件四类产品占全部文化出口产品的比例加起来都不到玩具、游戏、运动用品及零附件这一类产品的比例。总体而言，广东的文化产品出口主要以玩具、游戏机等辅助文化产品和文化用品为主，对反映有中国特色社会主义精神风貌以及岭南文化特色的广播影视、新闻出版、文化艺术产品等出口很少，表现为弱"文化软实力"，"文化软实力"仍需重点发展。

广东文化产品出口额占广东生产总值与出口总额的比例见表 3–5。

表 3–5 广东文化产品出口额占广东生产总值与出口总额的比例

单位：%

年份 / 年	项目	玩具、游戏、运动用品及零附件	照相及电影用品	艺术品、收藏品及古物	书籍、印刷品、设计图纸	乐器及零附件
2017	占广东生产总值的比例	1.570	0.014	0.003	0.168	0.038
	占广东出口总额比例	3.415	0.031	0.006	0.365	0.083
2018	占广东生产总值的比例	1.470	0.012	0.002	0.153	0.035
	占广东出口总额比例	3.440	0.028	0.004	0.359	0.082
2019	占广东生产总值的比例	1.419	0.011	0.004	0.147	0.034
	占广东出口总额比例	3.532	0.028	0.011	0.367	0.084
2020	占广东生产总值的比例	1.404	0.009	0.002	0.118	0.036
	占广东出口总额比例	3.590	0.023	0.006	0.300	0.091
2021	占广东生产总值的比例	1.588	0.008	0.007	0.120	0.040
	占广东出口总额比例	3.921	0.021	0.016	0.296	0.098

数据来源：根据 2018—2022 年广东统计年鉴整理。

三、文化贸易与文化产业规模不匹配

文化产业是文化贸易发展的基础，文化贸易发展的规模与速度取决于文化产业发展的规模与增长速度。到 2021 年，广东文化产业规模总量已连续 19 年居全国各省市（区）之首，约占全国总量的 1/7，已成为广东的支柱产业。

虽然广东文化产业规模全国最大，但文化贸易额与贸易强省的地位不符。2021 年，广东文化贸易进出口总额为 6.62 亿美元，占进出口总额的比例不足 1%。同时，就出口的文化产品而言，文化“硬实力”较强，对于有特色的文化“软实力”产品出口很少，在影视、版权、创意设计等高附加值文化服务方面出口仍然较少，文化产业和贸易的国际影响力与当前的综合国力和国际地位还不匹配，文化贸易实力总体偏弱，亟须加快推进对外文化贸易高质量发展。

四、文化贸易发展不均衡

尽管广东文化贸易发展成就卓著，但不平衡、不充分特征也非常明显。

1. 空间布局不合理

区域发展不平衡、不协调问题比较突出。深圳、广州等中心城市优势突出、充满活力，但粤东、粤西、粤北地区以及部分珠三角地区文化产业发展较为迟缓，缺少活力，大多数市县仍未探索出适合当地文化产业发展的道路。文化贸易发展现状：珠三角地区处于强势地位；粤东、粤西、粤北地区发展落后。

2. 产业结构不合理

核心内容产业不够强，产业融合发展不充分，文化产业有效供给质量不高。文化产业结构中低附加值的工艺美术类、文化产品与设备类等文化制造业占比较高；文化服务业，尤其出版、电影、电视、演艺等核心内容产业占比偏低，有效供给质量不高；综合文创设计类文化内涵与科技含量偏低，岭南特色文化产业发展还不充分。

3. 市场主体培育不充分

市场主体培育不充分，市场竞争机制有待完善。虽然广东拥有一批国内领军企业，但总体上看龙头企业、知名品牌不多，作为重要衡量指标的文化产业在30强中占比偏少，市场主体小、散、弱问题突出。特别是出版、报刊、广电、演艺等主要由事业单位改制主导的传统文化产业门类以及产业园区，整体市场化程度不深，运转机制不灵活，经济效益不高，亟须创新生产经营体制，建立完善的现代企业制度。

在政府的政策引导下，广东逐步形成了以广州和深圳为中心城市的引领辐射模式，致力于打造“创意之城”和“设计之都”，并重点发展了一批优势创意文化产业集群。其他珠三角地区的城市主要集中发展创意设计、印刷复制、演艺娱乐和文化设备制造等区域优势产业，而粤东和粤西、粤北地区则依托特色文化资源，初步发展文化旅游、演艺娱乐和工艺美术等特色文化产业，并逐步扩大了产业规模。在此基础上，广东省形成了以珠三角地区为主导，粤东和粤西、粤北地区通过优势互补和错位发展策略，共同促进地区文化产业发展的整体格局。

五、文化管理体制机制改革步伐较慢

文化管理体制机制改革步伐相对较慢，跟不上快速发展的产业实践。体制壁垒尚未完全被打破，文化要素流动不够顺畅，不同职能部门之间，不同市县之间，不同区街、园区之间协同不足，未能有效整合资源，形成合力。职权配置有待优化，亟须建立强有力的统筹管理工作机制，主要体现在以下几个方面。

1. 机制不灵活

广东目前的文化管理机制比较僵化和保守，难以适应快速变化的时代需求。例如，文化行政部门往往有着过多的审批程序和烦琐的手续，导致一些文化项目难以得到有效的支持和推广。

2. 规划建设滞后

传统的城市规划中往往没有将文化创意产业作为重点发展领域来考虑和规划，导致广东的文化场馆、公共文化设施匮乏。另外，近年来广东没有按照计划加快推进文化基础设施建设，这也影响了广东文化产业的健康发展。

3. 公共服务配套薄弱

在文化创意产业方面，广东政府投入的力度和管理效果还存在一定问题，包括拓宽文化创意产业的融资渠道不够，推出有利于文创企业发展的金融产品不足，完善公共服务配套跟不上，等等。

4. 行政管理水平不高

广东文化行政部门存在一些不科学、不合规范的管理现象，管理水平还有一定的提升空间。

此外，产业生态还存在诸多不利于创新的环节、链条及因素，尤其是高素质专业人才的短缺与侵权盗版行为的猖獗，已经成为制约创意园区及文化企业创新发展的突出问题。

六、文化贸易结构有待升级

目前广东的文化产业仍以传统文化产品出口为主，而创意、知识产权密集型新兴文化产业发展尚不够理想，需要加快推进产业结构升级，适应市场需求，提高文化贸易效益。广东文化贸易产业结构存在的问题主要有以下三个方面。

1. 传统文化类产品占比过高

长期以来广东文化产业发展较为依赖早期的传统文化和手工艺品等领域，新兴领域的市场份额比较低。随着时代的变化，这些传统文化类产品的市场竞争力逐渐减弱。

2. 大型文艺演出和节庆活动占比偏高

大型文艺演出和节庆活动是广东文化产业的重点支持方向，但这类活动的高成本会限制广东文化贸易行业的发展。

3. 文化创意设计产品缺乏新鲜感

目前广东的文化创意设计产品大多呈现同质化和泛滥化的特点，缺乏创新性、个性化、市场差异化等。

七、知识产权保护有待加强

随着文化贸易的发展，知识产权的重要性也日益凸显。但是，当前中国的知识产权环境仍不完善，这给文化贸易带来了严峻的挑战和不小的风险。

根据广东省高级人民法院发布的《广东法院知识产权司法保护状况白皮书（2022年度）》显示，2022年广东法院新收各类知识产权案件117 095件，其中，新收著作权案件64 392件，新收专利权案件、技术合同案件、反不正当竞争案件分别为11 676件、471件、1 888件，新收商标权案件、其他类型案件分别为18 632件、4 663件。全省法院新收知识产权民事二审案件12 957件。

1. 盗版现象严重

盗版是指未经授权而非法复制和销售他人著作权作品。广东的文化市场盗版现象比较突出，使得创作者、版权所有人等权利人的合法权益受到侵害，文化产品的质量难以得到有效保证。

2. 知识产权监管不力

广东在知识产权监管方面还有待加强。目前尽管有了一些法规来保护知识产权，但执行效果并不理想，缺乏足够的执法力度，导致违法行为屡禁不止。

3. 维权成本高昂

由于诉讼程序烦琐、时间长、成本高等，针对侵权行为进行维权的成本较高，很多创作者、版权方只能被动接受侵权现实。

4. 知识产权意识仍需提高

广东的文化贸易参与者，尤其是小微企业，对于知识产权的保护认识不足，往往没有意识到其重要性，容易忽视自身的知识产权保护，这进一步加剧了知识产权保护的难度。

综上所述，广东的文化贸易在知识产权保护方面存在的问题比较突出，但这些问题不是无法解决的。政府和企业需要共同努力，制定更为有效的保护措施，提高知识产权意识，扩大监管和维权范围，加强国际合作等，以推动文化产业高质量发展。

八、文化贸易人才储备不足

文化贸易的发展需要知识技术型人才的支撑，而广东的文化贸易领域人才短缺，给未来广东文化贸易的发展带来了压力。

1. 高质量人才缺乏

在广东的文化贸易领域，普遍存在人才短缺的问题。由于行业发展迅速，基层从业人员相对较少，而且专业技能和知识水平参差不齐，难以满足行业需求。

2. 教育培训不足

当前文化贸易行业的教育培训存在一定问题，包括针对性不强、内容过于理论化等。这导致大量学生毕业后难以适应实际工作需要，也无法满足企业对高素质人才的需求。

3. 行业体系不完善

广东的文化贸易行业体系相对不完善，整个产业链条还不够成熟。需要更加注重市场研究、产品策划设计、品牌推广营销等环节，以提升行业整体水平和影响力。

4. 其他问题

薪酬待遇不高、职业发展空间受限等问题，也直接或间接地影响了广东文化贸易人才的吸引力和留存率。广东文化创意产业从业人员总数有所增长，但是从业人员整体素质还有提升空间。根据广东省文化和旅游厅发布的《广东省文化产业发展报告（2020）》，截至 2019 年年底，广东文化产业人才总数为 557.3 万人，其中文化创意产业人才占比较低，只有 155 万人，且人才结构亟待优化。

以上数据都反映了广东文化贸易人才储备不足的现状。经济社会发展的快速变革给文化贸易行业带来了巨大的挑战，而人才问题则成为广东文化贸易行业发展的一大瓶颈。因此，广东应该采取有效措施解决这一问题，以推动广东文化贸易行业持续健康发展。广东文化贸易人才储备不足的问题需要多方共同努力来加以解决，包括行业协会、政府部门、高校等各个方面的参与。

第四章　广东文化贸易竞争力国际比较

2022年广东的生产总值达到了1.92万亿美元，在全球国家和地区GDP中排名为前11位。广东的生产总值已经达到了中等发达国家的水平，因广东是我国的文化强省，其文化贸易在全国连续多年排在第一位，所以本研究将广东作为一个独立地区与其他几个文化贸易强国进行比较研究。

美国、英国、日本、韩国四国是当今世界文化贸易发展的强国。四国与我国社会制度不同，但是它们的文化产业发展速度很快，其文化产业增加值分别在各自国家GDP中占有较高比例，已经成为本国的支柱产业。其中，美国是世界文化输出第一强国，是文化贸易领域里的第一名。冷战结束以来，以视听产品为代表的美国文化产品出口无论从营业收入、覆盖地域还是从实际影响力来看，都堪称世界第一。根据欧盟统计局数据，英国是欧盟地区文化贸易输出占比最高的国家。日本和韩国是亚洲地区的文化强国，而且和中国在东亚地区形成强有力的竞争局势。

第一节　文化产业发展比较分析

一、美国文化产业发展现状

美国文化产业的崛起始于1929年世界经济大萧条时期，美国的出版、传媒、电影等文化产业逆市兴起。发展到20世纪90年代，美国文化产业已成为其重要的产业之一。美国的文化产业定位于现代化文化产业，在其近300年文化历史的基础上，利用高端科技，借鉴他国文化历史，倡导投资主体多元化经营模式，创新拓展融资渠道，坚持以市场调节为主，鼓励文化产业企业兼并重组，从而使其文化软实力一直处于世界领先地位。

美国是文化产业发展大国，美国的文化产业国际竞争力指数为71.44，排名世界第一，其文化产业的产值约占国民经济生产总值的1/5。美国电影业是全球较具规模的电影产业之一。以好莱坞为代表的美国电影制片厂在全球范围内分享了大量的票房收入和版权收益，其中部分电影舆情效应也相当明显。例如，《阿凡达》《星球大战》等好莱坞的电影作品票房收入居全球前列，这些作品不仅体现了美国电影产业的强大实力，也成为美国文化产业的重要标志之一。美国音乐产业形成较早，生命力强，从20世纪初开始，爵士乐、摇滚乐等音乐类型从美国风靡至整个世界，促进了美国音乐文化的传播和发展。目前美国依然是全球最大的音乐市场，其中，华纳唱片公司和环球唱片公司等在全球范围内拥有强大的、营销渠道和品牌影响力。

1. 美国的文化价值观

美国的文化价值观体现在许多方面，包括崇尚个人主义、追求个人自由、追求“机会”平等和竞争意识、注重实际、推崇个人奋斗等。这些价值观为人们提供了探索的动力和指引，并推动着美国的快速发展，同时对美国的文化产业也有着深远的影响。美国在向全球提供文化产品和服务时不断传递本国的价值观和意识形态，并将文化价值观与文化产品有机融合，从而使得文化产业得到了快速发展和显著提升的影响力及国际竞争力。例如，在电影《阿甘正传》中，表达了“机会”平等的理念，通过主人公阿甘的经历告诉观众不要放弃希望，任何人都有机会获得成功，我们应该不断提升自我、突破自我，以便抓住机会。

2. 美国的市场投融资体制

美国的市场投融资体制的完善和成熟是提升其文化产业国际竞争力的重要因素。该国多元化的投资主体为文化产业的快速发展提供了保障，许多财团与文化企业之间存在紧密联系，通过对这些企业的投资来实现自身资产的增值，同时也可以解决文化企业所需资金不足的问题。在美国的立法鼓励下，社会团体、基金会、企业、公司和个人纷纷为文化产业提供资金支持，并积极引导社会资金和产业资金进入市场。由于美国政府对外国资本的限制较少，其他国家的文化企业得以进入美国市场进行投资，成为美国文化产业解决资金运营困难的重要方式之一。美国的融资渠道包括资本市场融资、银行融资、产业外融资和海外融资等。资本市场发行债券和股票来进行融资是美国文化企业重要的融资方式之一。举例来说，迪士尼公司曾通过资本市场融资来缓解亏损带来的压力。1995年，为了收购ABC

公司，迪士尼公司在资本市场上发行了长期债券和股票进行融资。美国投资主体的多元化以及融资渠道和平台的完善为美国文化产业的发展提供了动力，推动其进一步发展，并为占领国际市场提供了持续的能量，从而进一步提升了文化产业的国际竞争力。

3. 知识产权保护是一项重要举措

美国具有严格的知识产权保护制度，这不仅可以保护著作权人的权益，还能够激励创新、促进科技进步和文化产业的健康发展。美国很早就开始建立知识产权保护体系，并根据文化产业发展的需求对《版权法》进行持续修改和完善。同时，美国积极推动知识产权保护的国际化进程。当《伯尔尼公约实施法》无法满足美国需求时，美国调整了自己一直实施的严格版权登记制度，以更好地满足本国的需求。通过不断完善版权制度，美国显著提升了本国文化产业在知识产权保护方面的国际竞争力。随着互联网和数字技术的普及和应用，数字知识产权保护日益受到重视。为了适应文化产业数字化应用的发展，美国颁布了《计算机软件保护法》《跨世纪数字版权法》和《半导体芯片保护法》等相关版权法律，以更好地保护数字版权。通过一系列法律和法规的制定和实施，美国形成了较成熟的知识产权保护法律体系。美国通过建立严密的知识产权保护体系，提升了其文化产业的国际竞争力。

4. 美国国家的政策支持

美国政府高度重视文化产业的健康发展，并通过制定一系列文化产业管理政策来建立自由竞争的发展环境，以促进可持续发展。尽管大多数国家都设有专门管理文化事务的政府部门，如英国的文化、新闻和体育部，法国的文化通讯部，韩国的文化体育观光部，日本的文部科学省等，但美国政府认为这可能会影响文化的创新与发展。因此，美国没有设立专门的政府部门来管理文化产业，并且从未颁布过针对文化产业的官方政策文件或对文化产业的活动进行规制。美国联邦政府一直遵循“无为”和“零管制”的执政原则，但这并不意味着美国政府对文化产业的发展漠不关心或不提供帮助。相反，美国政府在人才培养与引进、文化产品进出口、创意园区规划与建设等方面采取了一定的政策支持，以保障美国文化产业的发展。此外，美国还有一些法律并非专门针对文化产业制定，但在文化产业的发展过程中起到了重要作用，包括《联邦税法》《消费者权益保护法》和《反垄断法》等。这些法律为美国文化产业不断扩大规模和增强实力提供了支持，也有助于美国在全球文化市场中处于领先地位，进一步提升了美国文化产业的国际竞争力。

5. 专业人才的培育和引进

美国高度重视培养与储备高端专业人才，并建立了完善的文化产业人才培养体系和引进机制。美国鼓励大学开设与文化产业相关的专业，以培养更多具有专业素质的高端文化产业人才。例如，在游戏产业方面，美国宾夕法尼亚大学、华盛顿大学、伦斯勒理工学院等 50 多所学校提供了游戏专业课程，其中宾夕法尼亚大学还专门为研究生开设了游戏图形设计的课程。美国除了重视国内人才培养之外，也注重吸引国际人才。美国强大的经济实力和政治影响力吸引了大量来自世界各地的管理、技术和市场拓展等专业的人才。他们为美国文化产业提供了支持和帮助，并为其创新发展提供了动力。同时，美国成功的高等教育体系和实力雄厚的科研基础吸引了众多国际人才。许多人来到美国学习并留在这里，为美国文化产业的发展和创新提供了有力的支持。此外，美国作为一个移民国家，其移民政策为优秀人才来美提供了诸多便利。

6. 科技创新实力

美国文化产业的国际竞争力与其先进的科技手段和强大的创新实力密不可分。美国高度重视在科技方面的投入与研发，近年来国内研发总支出占 GDP 的比例一直保持在 2.5% 以上并呈上升趋势。美国同样注重对研发人员的培养与引进。美国每 1 000 名雇员中就有 7 ～ 8 名研发人员，这些人主要从事新产品开发和新方法应用等。根据世界知识产权组织公布的数据，美国在国际合作专利方面表现卓越。

二、英国文化产业发展现状

英国的文化产业基于深厚丰富的英国历史文化资源，通过对本国的自然资源和历史文化资源进行合理开发整合及市场化运作，打造出了自己的文化品牌，从而形成了具有地域特色的产业文化，如王室文化、博物馆文化、生态旅游文化、表演艺术文化等。英国文化产业是全球较具活力和影响力的文化产业之一，涵盖了电影、电视剧、音乐、书籍、艺术品以及传统手工艺等领域。英国是世界上最早提出“创意产业”的国家，英国政府在 1998 年出台了《英国创意产业路径文件》，积极采取措施推动创意产业的发展，这些措施主要包括在组织管理、人才培养、资金支持等有关方面逐步加强机制建设，对文化产品的研发、制作、经销、出口等实施系统性扶持，电影和电视节目制作、创意设计、数字游戏、广告和出版业是英国文化产业的重要组成部分。

2023 年 6 月英国政府网站显示，政府在接下来的 10 年将额外提供 5 000 万英镑的资金用于支持更多的区域创意集群，以及用于音乐会场、视频游戏工作室、伦敦时装周和下一代英国音乐人才的培养等。据悉，创意产业是英国政府优先考虑的经济增长领域之一。在过去 10 年中，创意产业的增长速度超出英国整体经济增速的 1.5 倍，每年贡献 1 080 亿英镑的附加值。英国第 57 任首相里希·苏纳克指出，英国的创意产业是英国真正的成功故事，在英国的国民生活中占有特殊的地位，为增加国民的国家感受做出了独特贡献。

1. 公益性为主的博物馆文化产业

英国的博物馆构成了该国文化产业的基础结构，总计超过 2 500 家，其中有 1 860 家获得官方认证，包括 28 家国家级博物馆。英国的众多博物馆和美术馆所陈列和收藏的珍品，成为人们了解世界文化、艺术和历史知识的宝库。英国的主要博物馆和展览馆年度营业额超过 90 亿英镑，基本上每 1 000 英镑的经济活动中就有 1 英镑与博物馆和展览馆直接相关，而这些博物馆和展览馆的年度支出达到 65 亿英镑。43% 的英国人每年至少会去一次博物馆或展览馆，再加上外国游客，英国主要博物馆和展览馆每年的访问量高达 4 200 万人次，而英国的总人口不到 6 100 万人。英国的大英博物馆位于伦敦，是世界上历史悠久、规模宏大、收藏文物数量较多的综合性博物馆之一。它是全球三大博物馆之一，收藏了来自世界各地的许多珍品和图书精品，堪称艺术的宝库。大英博物馆的藏品丰富多样，建筑气势恢宏，令人惊叹。此外，大英博物馆定期举办各种专题展览，并提供各种类型的参观导览服务。

2. 市场主导的文化旅游产业

市场主导的文化旅游产业在英国占据重要地位。英国旅游业的收入全球排名第五，仅次于美国、西班牙、法国和意大利。旅游业是英国重要的经济来源之一，其产值占国内生产总值的 5%，约有 210 万从业人员。英国作为君主立宪制国家，保持着独特的王室文化，使其吸引着来自世界各地的观光游客，每年为英国带来 5 亿英镑的外汇收入。位于英格兰中部埃文河畔的斯特拉福特小镇是英国著名的旅游胜地之一，这里除了优美的环境，还是莎士比亚的故乡。当地政府充分利用这一文化资源，进行了高度策划和建设，使其环境和旅游设施得到完善，将其打造成田园式的古朴小城镇，恢复历史风貌，将其作为国家级文化产业项目进行全方位延伸式开发。莎士比亚的故居被改造成了一座纪念馆，当地政府在小镇建设了相关配套设施，如以莎士比亚命名的皇家歌剧院、博物馆、图书馆、纪念塔等。这个小镇处处都散发着“莎士比亚”这一文化主题的气息，形成了它独特的“文化名片”。

苏格兰的“尼斯湖水怪”每年都会吸引来自世界各地的大量游客前来寻找。当地政府为增添神秘气氛，花费大量资金修建了一座水怪博物馆，以满足人们的好奇心理，从而成功地开发了当地的旅游业。

距离伦敦 100 千米的牛津市不仅是英国历史最悠久的大学城，也是世界著名的旅游城市。牛津大学创立于 1168 年，历史悠久，有近 30 位首相毕业于牛津大学。英国政府借助名校品牌，深度开发文化旅游资源，抓住游客想来此领略世界名校风范的心理，发展品位独特的旅游点，如艺术表演文化旅游和摇滚乐旅游等，这些都为英国带来了巨大的经济效益。

3. 公益性与市场性相结合的文化艺术产业

英国以伦敦拍卖市场为代表的艺术品拍卖行业是全球艺术品交易中心之一，由苏富比、佳士得等知名拍卖公司主导。英国的拍卖行业以高交易价格和高品质的艺术品著称，包括古代和现代艺术品、珠宝首饰等。英国拥有丰富的传统手工艺，如时装设计、大理石雕刻、玻璃工艺、陶瓷制作等，这些传统手工艺非常重视原创性和精致度，在国际市场上备受好评，同时也为英国的文化出口做出了巨大贡献。英国是世界上较具创造力的音乐产地之一，拥有众多著名乐队，如披头士乐队、皇后乐队、滚石乐队等。英国的电影和电视剧制作水平很高，以优质、多样化和内容丰富而闻名，并在全球范围内备受认可。英国政府积极发展电影和电视剧产业，大力支持创作、制作、发行等商业活动。英国文化产业中表演艺术产业是最具代表性的行业。该产业的核心商业活动包括作品创作、节目制作、演出、巡回演出、道具设计及生产和灯光；相关产业包括电视、广播、设计、音乐、电影、出版和特效等。表演艺术的产业结构多样化，形成大型商业公司和完全依靠公共或私人经费生存的小型团体共存的局面。政府推出了鼓励优秀作品的计划。爱丁堡国际艺术节是英国著名的艺术节之一，每年夏、秋季节在苏格兰首府爱丁堡举行，展示音乐、戏剧、芭蕾、电影等艺术，吸引世界各地著名的文化团体和演员、歌星来此。爱丁堡国际艺术节旨在突出本地区民族的特征，以增进人们对其文化的认同感，推动苏格兰文化的发展。

三、日本文化产业发展现状

日本在经历了 20 世纪 80 年代的经济低迷后，从 20 世纪 90 年代开始，意识到文化产业对经济发展的推动作用，针对自身陆地有限、四面环海、人口稠密的岛屿国家特点，制定了“出口导向”和“文化立国”战略，使得文化产业快速发展，成为其国内仅次于汽车制造业的第二大产业。日本的文化产业占GDP的比例达到20%，成为21世纪日本重振经济的新引擎。

在过去40年间，凭借独特的发展模式，日本文化产业发展势头迅猛，犹如阪上走丸，时至今日文化产业已然成为日本提升国家软实力、参与国际竞争的核心力量。

1.“文化立国”战略的支撑

自明治维新以来，日本的国家发展战略经历了“军事立国”“经济立国”和“文化立国”三个阶段。在这期间，川胜平太教授指出：由于“二战”的战败，日本人意识到军事立国已经过时，经济立国也不能满足人们的心灵需求。因此，日本应该将军事力量用于防卫和维护和平，将经济力量用于推动文化发展。“二战”结束后，日本经历了一段国力衰退和百废待兴的时期。实业振国成为当时政府的治理重点。然而，在创造了惊人的经济奇迹之后，受制于狭长浅陋的地理环境和难以自足的自然资源，日本的经济发展进入了瓶颈期。所以，寻找新的经济增长点成为20世纪末期日本的主要任务。

有学者认为，随着日本的国民经济增长率相继超过法国、英国和德国等国家，其应该尽快扭转单向接受外来文化的被动局面，在建立文化自信的基础上通过文化输出带动本国经济发展。1986年，日本文部省创办了“日本国际文化交流中心”。当时担任首相的中曾根康弘在其所写的《建设具有文化力量的国际国家日本》一文中提到：“如果我们只停留在发展经济全球化，而不发展文化、政治等影响力的话，就不能成为一个真正的世界领袖国家。”他还表示：“今后要向全世界传播日本文化，把过去只是汲取别国文化，转变为向别国传播日本文化的文化大国。”之后，日本的国家发展战略逐渐从“经济立国”向“文化立国”转型。1995年，日本文化政策推进会议发表了以《新文化立国：关于振兴文化的几个重要策略》为题的报告，明确提出21世纪“文化立国”的战略目标。1996年7月，《21世纪文化立国方案》的出台标志着文化产业发展被正式提升至国家战略的高度。

2.“产学官”合作模式的推进

日本政府管理文化产业的一大特色是实行“产学官”协同合作。其中，“产”指经济产业省管理的企业，“学”指文部科学省管理的大学和国立研究机构，“官”指政府职能部门和半官方中介机构。这三者相互合作，充分发挥各自优势，形成了政府、学术界、企业之间的合作网络。在这个过程中，日本政府发挥主导作用，负责制定政策、配置资源、引导“产学官”三者高效合作以及评价成果等重要任务。同时，政府还通过投资补贴、税收减免等优惠政策来支持创新型企业的创立和发展。

在学术机构方面，越来越多的日本大学设立了管理技术创新专业，培养既懂技术又擅长管理的综合型人才，以满足本土文化产业的需求。这些人才毕业后在推动产学合作中扮演着重要角色，对技术预测、市场化、战略制定、先进技术发掘和知识产权管理等方面做出了实质性贡献。

在企业方面，大型企业在国家创新体系中扮演着不可估量的角色。许多大型企业设立了研发机构，成为学术机构技术成果转化的合作伙伴。与此同时，日本政府还非常重视培育文化企业。目前包括东映株式会社、宝冢歌剧团、大日本印刷株式会社和电通集团在内的知名企业已成为享誉全球的品牌。

3. 国际文化品牌战略的支持

为提升日本文化产业的海外知名度和国际影响力，日本政府积极推进对外文化交流活动，每年都有数亿日元的支出用于宣传和展示日本文化魅力。日本政府通过综合援助等方式鼓励本国民间文化团体前往世界各地开展具有民族特色的表演，如花道、茶道、相扑等。这些活动已成为世界级的综合性文化产品展，并深受海外民众的欢迎和喜爱。此外，政府借助大型国际会议介绍日本文化产业资源的开发现状，在国际上不断扩大相关文化品牌的知名度。日本政府还为文化企业搭建版权交易平台，举办国际文化产品节、东京国际电影节、东京国际动漫节、东京亚洲音乐节以及东京电玩展等大型文娱活动，展示最新的游戏、动画、漫画等文化产品。此外，由于语言文化与经济联系日益紧密，以语言文化为核心内容的产品开发和服务在日本也趋于成熟，包括语言翻译服务、语言培训产业、语言能力测试、语言信息处理服务等。自 1981 年起，日本政府将日语推广纳入开发援助计划（Official Development Assistance，ODA），稳定的经费来源促进了日语国际推广事业的迅速发展。其中，由日本国际交流基金会和日本国际教育支援协会联合启动的“日本语能力测试”在全球范围内举办，并不断吸引更多的人参加。对此，日语承载的文化吸引力是不可忽视的因素之一。由此可以看出，日语语言文化既是推动日本文化产业发展的核心载体，也是带动日本文化产业发展的外部动力。

四、韩国文化产业发展现状

韩国对文化产业的政策制定可以追溯到 20 世纪 60 年代。在 1998 年亚洲金融危机之后，韩国政府正式提出了“文化立国”战略，将文化产业作为21世纪国家经济发展的战略支柱，并大力推进其发展。自1999年以来，韩国文化产业年均增长率超过30%，使其成为全球五大文化产业之一。在韩国政府的扶持下，韩国文化产业规模迅速扩大，韩国文化产品市场正在迅速扩张，并受到国内外人民的喜爱。

此外，韩国文化产业还注重与其他产业的高度融合，特别是注重文化产业与高科技信息产业的结合，这成为促进韩国经济协调发展的新动力和新发展战略。如今，韩国的文化产品，如戏剧电影、电视广播、音乐、游戏、化妆美容等，已经融入全世界人们的生活中，为韩国文化产品在国际上赢得了知名度，也为韩国相关文化产品的出口再扩大奠定了基础，有利于提升韩国文化产业的竞争力。

1. 韩国文化产业企业构成分析

韩国文化产业企业中，出版、音乐和游戏行业的公司数量较多。出版、音乐和游戏属于传统文化行业，这些传统文化行业的企业能够与时俱进，将传统文化与科技相结合，以保持竞争力。它们是知识密集和科技密集型行业，企业数量众多，但多数为中小企业，注重在创意方面的投入。相比之下，广播电视和电影等行业对流动资金和后续资金投入的要求较高，因此从事广播电视和电影制作的企业大多是抗风险能力较强的大型企业，数量较少。

随着世界各国纷纷发展文化产业，韩国传统文化产业面临着巨大压力，预计将继续保持减少趋势。然而，随着文化产业与高科技的不断融合，一些对科技需求较高的文化行业，如动画、知识信息和内容服务产业，企业数量有望增加，这表明新兴的数字文化产业成为韩国发展文化产业的新方向。

2. 韩国文化产业销售状况分析

从韩国文化产业各行业的销售状况来看，出版、游戏、广播电视、广告、角色演艺、知识信息6个行业的销售总额近几年都占据整体销售总额的2/3以上。

2003年2月实施的《出版及印刷振兴法》放宽了出版和印刷企业的政策和环境，随后涌现出大量的出版企业，出版业迅速发展，导致同行竞争加剧，竞争中表现优异的企业得以生存下来。然而，随着新媒体的出现，传统媒体受到了很大的冲击，出版业逐渐衰落。在这种情况下，传统出版业积极探索新出路，将新媒体与传统出版业相结合，寻找新的发展形态，为出版业增加新的竞争力。

总体而言，出版和广告行业的销售额较大，广告行业的销售额呈稳步增长趋势。以上这些行业销售额的稳定增长反映出韩国文化产业结构合理，相对成熟。随着韩国科研能力的不断提升，对科技需求较高的知识信息、内容服务等行业增速最快，年均增幅超过 9%。以上这些行业的销售额稳步增长表明，韩国将重点培育数字文化产业。传统行业如音乐、演艺和游戏也在稳定增长，说明韩国的传统行业和新兴文化产业都在稳步发展，产业结构安排合理，整体呈平稳增长状态。

从文化产业从业者规模来看，50 人以上的大中型企业的销售额占总销售额的比例超过了 50%，销售额整体呈现增加的趋势。1 ~ 9 人的小企业的销售额有所波动，但仍然充满活力。10 人以下和 10 人以上、49 人以下的中小型企业是韩国文化产业发展的中坚力量。中小型企业与大型企业之间紧密合作，中小型企业为大型企业提供技术和人才支持，而大型企业帮助中小型企业拓宽销售渠道，实现互利共赢。大型企业作为开拓海外市场的先锋，也帮助中小型企业进入海外市场，提升文化产品的竞争力，打造自身竞争优势。

第二节　文化贸易规模、结构和贸易地理方向比较

从贸易规模、出口商品结构、国际贸易地理方向等方面对广东与美国、英国、日本、韩国的文化贸易进行国际比较，分析广东文化贸易规模、结构和贸易地理方向在国际视角下的竞争力。为了数据口径统一，本节所有数据均来自 UNCTAD（联合国贸易和发展会议）数据库。UNCTAD 数据库中将文化贸易分为四类，包括文化商品、文化服务、文化产业相关商品、文化产业相关服务。其中文化服务分为 6 个行业，包括广告、市场研究和民意调查服务，建筑、工程及其他技术服务，个人、文化娱乐服务，视听服务，其他个人、文化娱乐服务，研究与开发。

一、文化贸易发展规模比较分析

表 4-1 列出了中国、美国、英国、日本、韩国的文化商品出口贸易额。中国的文化商品出口贸易额约占全球文化商品出口贸易额的 1/3，同时是 5 国当中文化商品出口贸易额最大的国家，广东的文化商品出口贸易额约占中国的 2/5，因此广东的文化商品出口贸易额超过日本、英国、韩国和美国，广东“文化硬实力”确实较强。我国的文化商品出口贸易额增长迅速，日本、英国、美国的文化商品出口贸易额增速均较慢。

表 4–1 文化商品出口贸易额

单位：百万美元（按 2023 年汇率算）

国家	年份 / 年											
	2010	2011	2012	2013	2014	2015	2016	2017	2018	2019	2020	2021
世界	418 606	490 233	524 626	534 543	580 544	532 623	515 511	548 219	584 302	599 533	524 459	611 308
中国	102 859	130 453	153 498	169 365	194 574	170 715	151 217	162 900	171 314	180 443	169 309	234 050
日本	8 912	9 746	7 711	6 687	6 825	6 683	7 496	7 818	8 605	7 798	7 326	8 692
韩国	5 582	6 112	5 769	6 063	6 033	5 800	5 669	6 298	6 705	8 916	13 900	—
英国	19 741	21 061	23 100	21 860	24 265	25 991	21 753	21 656	22 423	28 926	15 331	15 676
美国	33 982	36 322	38 067	39 280	41 782	40 798	40 456	42 099	45 117	42 032	32 371	38 348

数据来源：UNCTAD 数据库。

因为 UNCTAD 数据库中数据的缺失，文化服务贸易数据只有个人、文化娱乐服务，视听服务两项数据齐全，因此这里仅以这两项代表文化服务贸易额进行规模比较。从表 4–2 中可以看出，我国的文化服务出口额和进口额增长均较快。日本的文化贸易出口较平稳，韩国、英国的增速也相对平稳，但文化贸易大国——美国则表现非凡，以 2020 年为例，美国的文化服务进出口贸易额为 317 614 百万美元，是我国的近 3 倍。我国的文化服务进出口贸易额没有明显优势，在总量上与日本和英国接近，在一定程度上也反映了广东文化服务贸易是文化贸易的短板。总体上体现了广东的文化“硬实力”即文化商品贸易实力强劲，但文化“软实力”即文化服务贸易与发达国家仍有一定差距。

表 4–2 文化服务进出口贸易额

单位：百万美元（按 2023 年汇率算）

国家	进出口贸易	年份 / 年										
		2010	2011	2012	2013	2014	2015	2016	2017	2018	2019	2020
中国	出口	18 165	24 337	25 837	25 576	26 455	26 728	26 065	31 163	49 519	54 436	58 826
	进口	26 576	34 688	33 277	38 717	33 735	34 397	37 308	45 080	50 897	51 985	54 231
日本	出口	25 547	28 802	29 037	24 724	36 522	35 594	40 332	44 086	46 518	49 584	47 008
	进口	31 348	32 916	33 014	34 272	41 467	40 880	44 755	45 897	48 992	50 347	50 660
韩国	出口	3 595	5 121	4 896	5 127	7 071	8 314	9 019	10 049	11 403	12 802	12 423
	进口	14 457	12 944	14 412	15 549	15 466	15 011	14 339	16 867	17 215	18 016	18 234

续表

国家	进出口贸易	年份 / 年										
		2010	2011	2012	2013	2014	2015	2016	2017	2018	2019	2020
英国	出口	33 601	36 348	34 664	36 885	40 999	42 690	43 263	49 748	60 562	58 440	56 813
	进口	21 861	22 644	21 367	21 675	24 390	26 130	25 571	28 957	34 445	36 594	37 437
美国	出口	132 084	149 572	157 176	166 696	178 532	182 670	192 911	208 138	206 944	213 971	205 922
	进口	65 751	74 480	79 350	83 729	91 153	93 436	105 393	115 310	110 563	109 167	111 692

数据来源：UNCTAD 数据库。

二、文化商品贸易结构比较分析

文化商品贸易包括美术工艺品、视听商品、设计、新媒体、表演艺术、出版业、视觉艺术 7 个行业。以中国数据为参考，广东的文化商品出口中，设计占比较高，约为 70%，设计具体包括建筑、服装、玻璃器皿、室内设计、珠宝、玩具 6 类，但其中又以服装、室内设计、珠宝、玩具的出口居多，这些文化商品以劳动力密集产业居多。视听商品主要包括电影产品，表演艺术主要包括音乐（CD、录音磁带）和乐谱，在视听商品和表演艺术出口方面表现非常弱。出版业的出口表现也较差。相比较而言，英国、美国在出版业、视听商品及视觉艺术方面表现较强（表 4–3）。

表 4–3　五国文化商品的出口结构

单位：百万美元

国家	年份 / 年	行业						
		美术工艺品	视听商品	设计	新媒体	表演艺术	出版业	视觉艺术
中国	2013	16 155	1 414	123 974	11 099	1 479	3 095	12 149
日本		380	1 807	1 551	1 373	489	396	690
韩国		1 822	256	727	2 164	71	665	359
英国		441	1 137	8 035	1 184	98	3 853	7 112
美国		1 378	3 293	16 914	4 037	612	4 666	8 378
中国	2014	17 035	1 133	151 460	11 174	1 526	3 166	9 081
日本		343	1 718	2 166	1 180	485	345	589
韩国		1 805	284	823	2 046	71	622	382
英国		430	1 125	9 195	1 397	130	4 040	7 947
美国		1 385	2 825	17 914	3 960	608	4 331	10 758

续表

国家	年份 / 年	行业						
		美术工艺品	视听商品	设计	新媒体	表演艺术	出版业	视觉艺术
中国	2015	17 310	1 369	124 487	14 065	1 502	3 178	8 805
日本		295	1 678	2 400	837	479	312	683
韩国		1 586	264	824	1 820	68	536	701
英国		407	1 018	10 282	1 215	110	3 551	9 408
美国		1 404	2 381	17 117	3 672	569	3 950	11 704
中国	2016	15 706	1 125	109 550	13 792	1 374	2 843	6 828
日本		321	1 476	3 168	987	490	304	750
韩国		1 470	223	918	1 903	60	550	545
英国		361	966	8 474	1 304	122	3 199	7 325
美国		1 421	3 043	17 116	3 708	587	3 631	11 949
中国	2017	18 876	878	116 504	15 597	1 357	2 928	6 761
日本		314	1 441	2 618	1 932	505	299	709
韩国		1 354	283	579	3 236	66	442	339
英国		349	905	8 843	1 354	135	3 348	6 722
美国		1 375	1 875	17 668	4 748	527	3 526	12 381
中国	2018	20 082	1 018	123 383	14 917	1 451	3 052	7 411
日本		315	1 296	2 350	2 867	545	274	958
韩国		1 81	408	2 222	1 844	63	473	414
英国		371	960	8 834	1 204	142	3 541	7 370
美国		1 398	1 737	17 487	5 323	536	3 359	15 277
中国	2019	21 850	1 052	130 889	13 394	1 546	3 163	8 548
日本		315	1 118	2 046	2 622	562	261	874
韩国		1 142	422	4 841	1 730	61	290	429
英国		321	763	10 858	928	141	3 355	12 560
美国		1 362	1 646	16 367	4 970	578	3 256	13 852
中国	2020	21 838	1 009	120 363	13 644	1 704	2 745	8 006
日本		256	1 125	1 388	3 225	495	236	601
韩国		801	506	10 210	1 570	53	220	541
英国		280	649	6 906	874	125	2 860	3 635
美国		1 110	1 370	11 367	6 280	485	2 656	9 103
中国	2021	31 687	1 079	163 750	18 951	2 113	3 435	13 035
日本		293	1 213	2 240	3 351	604	266	725
韩国		—	—	—	—	—	—	—
英国		248	409	6 450	716	121	2 697	5 034
美国		1 255	1 522	14 746	7 456	608	2 971	9 790

数据来源：UNCTAD 数据库。

三、文化贸易地理方向比较分析

广东文化贸易的前十位贸易伙伴分别是：美国、中国香港、日本、德国、英国、俄罗斯、荷兰、法国、意大利、加拿大。最显著的特点是美国和中国香港在广东文化商品出口贸易中所占份额较大，广东 1/4 的文化商品出口到美国，显示出广东的文化贸易商品过于集中。日本的主要文化商品出口地是美国、中国香港和中国内地。英国的文化商品出口地除美国外，主要是出口到欧盟成员国。美国的最大文化商品贸易伙伴是同属北美自由贸易区的加拿大，美国、加拿大两国的文化认同感非常强，而且北美自由贸易区的另一成员国墨西哥也占据了 8% 的美国文化商品出口市场，这也反映了区域经济一体化对于文化贸易的影响。韩国的主要贸易伙伴多数是发展中国家与地区，主要集中在亚洲。

第三节　文化贸易影响因素的国际对比分析

一、文化历史资源对比分析

美国只有 200 多年历史的文化积淀，文化资源相对稀缺，但是美国擅长借用他国历史文化资源，形成自己的优势、支柱产业——影视和传媒。英国历史文化资源丰富，重视创意产业。21 世纪以来，英国的创意产业年平均增速达到 60%，比英国整体经济的增速高出一倍多，成为英国经济增长的动力。韩国、日本和中国同属于东亚儒文化圈，韩国形成了特色韩剧文化产业，而且拉动了韩国旅游产业的发展，前往韩国的游客每年的增长率大约在 20%。2012 年一首《江南 Style》，不仅为韩国流行文化正式打开了一扇通向西方的大门，而且带来了巨额的经济收益。韩国诚信女子大学公共关系专家徐银德认为《江南 Style》对韩国海外形象的推广贡献价值高达 10 亿美元。日本的卡拉 OK 已成为世界性的娱乐工具；日本的动画片、漫画和游戏软件在国际市场中表现非凡，其产值和影响已经超过汽车等传统工业。广东拥有源远流长的历史，文化资源丰富，但仍然没有形成自己独特的文化产业特色，文化贸易的潜力需要深度挖掘。

二、政府政策对比分析

美国自 20 世纪 30 年代大萧条时期就注重对文化软实力的提升，形成了对内放松管制和对外扩张，鼓励自由竞争的市场机制。美国的贸易促进相关纲领法规完善，对知识产权保护充分严密。美国政府对文化贸易并不是直接干预，其主要手段是通过立法、税收以及相关政策的制定来促进文化产品出口。例如，美国政府对出版物不征收商品销售税，对出口图书采用先征后退的方式免征增值税和营业税。英国政府全力推动文化创意产业的发展，营造一个适宜产业发展和企业公平竞争的外部环境，建立相应的文化产业法律体系，从制度上为文化产业的发展提供保障。韩国 1998 年确立“文化立国”战略，并出台了一系列与之相应的法律法规，使得以后的韩国文化贸易实现了跨越式的发展，成为世界五大文化产业大国之一。日本在 20 世纪 90 年代经济整体低迷的背景下，1995 年正式设立“文化立国”政策，促进文化贸易的发展。具体的策略包括：立法施政，为文化产业的顺利发展提供法律依据和保证；通过行政指导的方式来引导文化产业的发展；建立和完善配套服务，为文化产业的发展提供良好的发展环境。广东的文化产品出口已经开始在政府的主导和推动下开展对外贸易活动，但各项法律法规及政策仍在完善中，并未形成成熟体系。

三、国际贸易环境干预对比分析

美国凭借其在文化贸易领域“巨无霸”的地位，积极推行文化自由贸易的主张，这是因为美国自身的文化贸易已经足够强大，需要一个更大的自由市场，因此极力游说他国开放本国文化市场。与此同时，美国在国际上也对文化贸易的相关规则积极干预，既保护既得利益，又维护霸主地位。例如，美国将知识产权的国际性保护与贸易直接挂钩，明显更有利于版权产业高度发展。

欧盟国家对文化的态度是保守的，英国特别重视文化在社会生活中的作用，因此对文化贸易中的“文化”特质特别敏感，重视高端、精英文化。因此，在文化贸易方面，英国主张“文化例外”精神，借此保护本国的文化市场。例如，在乌拉圭回合谈判中，欧盟就以“文化例外”为由，坚决反对文化市场的自由贸易。日本、韩国在发展文化贸易过程当中也采取的是保护国内市场的态度。例如，韩国的影视剧在亚洲，乃至全球范围内都产生了广泛影响，但韩国政府为了保护本国影视业的发展，对进口片进行了严格的配额限制。

广东文化产业起步较晚，基础薄弱，文化贸易体量较小，“文化例外”应该作为现阶段中国参与国际文化贸易时秉承的一个价值态度，而 WTO 将在今后很长一段时间内仍然是国际文化贸易规则最权威的制定者和最有效的实施者，应认真研究利用 WTO

中反映“文化例外”精神的国际文化贸易规则来保护我国文化贸易。

四、人才创新体系对比分析

美国拥有世界一流的教育资源和吸引世界优秀人才移民的能力，同时也非常注重培养与文化产业和文化贸易相关的人才，为其文化贸易的领先地位提供了大量合适的人才。例如，美国有30多所大学开设了文化管理、文化贸易、艺术管理等本科、硕士和博士学位课程，文化艺术类专业成为热门学科。英国在发展创意产业的初期就非常重视培养与文化产业和贸易相关的人才，特别制订了为有才能的文化创意产业从业者提供培训机会的计划，尤其注重对青少年的艺术教育和创造力培养。同时，英国政府实施人才培养政策，推出一系列措施，如免费向学生开放博物馆、美术馆和艺术馆。英国产业技能委员会在大学开展为期3年的人才培训计划，为电影、电视和多媒体行业提供影视摄制、编剧、动画、导演、作曲、录音等专业学科的百门课程，使影视业占比66%和多媒体行业占比24%的从业人员达到研究生水平，有效提升了这些行业的创新潜力。日本为了培养专门从事文化产品创造和制作的人才，制定了相应的方案和计划，并委托国内大学和专门的学校负责培养，如东京大学的“内容产业工程”和庆应大学的“数字媒体与文化统合研究机构”。此外，日本还派遣研修生到海外教育机构留学，并对在培养文化人才方面做出杰出贡献的机构和个人进行表彰。为推动文化贸易的发展，韩国政府积极培养电影、游戏、动漫、音乐等产业的专业人才，并建立了文化产业专门人才库和“文化产业人才培养委员会”，负责制订和协调文化产业人才培养计划，同时韩国还注重培养复合型的管理人才和国际营销人才，负责文化产业的管理和国内外推广工作，为文化贸易的发展提供强大的智力支持。

目前广东文化贸易领先全国，但文化贸易人才仍旧十分匮乏，文化贸易领域缺乏的是复合型人才，需要具备国际贸易、文化学、经济学、营销学、管理学等综合知识的人才。广东虽然已经在广东外语外贸大学等高校开设文化产业管理及文化贸易等专业，但在人才培养方面仍任重道远。

第五章　广东文化贸易竞争力国内比较

文化贸易具有经济上和文化上的双重意义，所以其在真正意义上体现了一个国家的竞争力。20 世纪 90 年代以来，随着世界各国对文化产业的重视及互联网等高新技术在文化领域的应用推广，文化产业的兴盛带来了文化贸易的繁荣。商务部 2018 年发布的数据显示，广东、浙江、江苏为全国文化产品出口前三位，合计占我国文化产品出口的 79.4%。上海、广东、北京为全国文化服务出口前三位，合计占我国文化服务出口的 87.2%。因此，本章通过分析广东、浙江、江苏、上海和北京五地的文化贸易情况，构建钻石模型，进行文化贸易竞争力的国内比较。

第一节　粤、浙、苏、沪、京文化贸易概况

一、广东文化贸易概况

自 2003 年确定建设“文化大省”战略以来，广东文化产业发展迅猛，多项数据连续多年领跑全国。广东的文化贸易涉及电影、音乐、出版、动画游戏、艺术品交易等多个领域，其中电影出口额占据全国的 1/3 以上。另外，广东还积极倡导文化创新，推动文化与科技、金融等领域的融合，为广东文化贸易的发展打下了坚实基础。

广东的文化产业发达，文化贸易规模很大。2023 年 3 月，中国人民大学文化产业研究院发布“2022 中国省市文化产业发展指数”，广东文化产业企业主体、文化资本和人力资源优势突出，在生产力分指数方面排名全国第一。2022 年，全省数字创意产业集群营业收入为 5 728 亿元，增加值为 1 442 亿元，相关发明专利累计有效量为 6 521 件，居全国首位；广东数字出版产值超 2 100 亿元，动漫产值超 600 亿元；游戏业收入为 2 115 亿元，约占全国的 4/5；电竞收入则占全国的 70% 以上。根据《广东

省培育数字创意战略性新兴产业集群行动计划（2021—2025 年）》，到 2025 年，广东数字创意产业营业收入将突破 6 000 亿元。

二、浙江文化贸易概况

作为中国文化产业发展迅速的主要区域之一，浙江的文化贸易具有相当的规模。根据官方数据，2004—2021 年，浙江的文化产业增加值从 442 亿元增长至 5 145 亿元，占广东生产总值的比例从 3.8% 增长至 6.95%。全省目前拥有规模以上文化企业 5 915 家、上市文化企业 45 家，历年入选“全国文化企业 30 强”的文化企业数量稳居全国前列。2022 年文旅实际完成投资 3 650.7 亿元，浙江将重大项目带动引领作为文旅深度融合工程的关键抓手，确保到 2027 年浙江文化和旅游项目累计完成投资超过 1.2 万亿元，浙江文化和旅游产业增加值占广东生产总值的比例达 13%。在文化产业发展良好的基础上，浙江的文化贸易表现不俗。2020 年，浙江文化服务贸易进出口额为 1 141.57 亿元，同比增长 14.45%。其中，出口额为 131.62 亿元，同比增长 26.91%。影视动漫、数字文化、创意设计已成为浙江文化贸易的主要出口领域，该省贸易结构进一步优化，贸易规模进一步扩大，地区差距进一步缩小，浙江文化贸易高质量发展新格局初步形成。浙江以出口带动文化贸易创新发展，带动浙江文化走向世界，带动文化贸易品牌培育，打造文化贸易集聚地。

浙江是中国名贵文化艺术品交易中心之一，每年的文化展览和拍卖活动充实了其文化贸易的内涵，并扩大了浙江文化的全球影响力。通过这些活动，艺术家、收藏家、学者和观众得以在全球范围内交流想法、分享感受、传播文化，使浙江成为文化的熔炉和交流的舞台。

浙江的文化贸易主要包括电影电视版权、动漫游戏、数字出版、艺术品及文化创意产品等领域。其发展离不开浙江的优秀文化企业，如华谊兄弟影业、阅文集团等。这些企业以创新能力和创作水平为核心，生产出了一系列高质量的文化产品，使全球观众感受到浙江以及中国的文化魅力。

浙江的城市，如杭州、宁波、温州等，拥有丰富的文化资源，这些资源为浙江的文化产业和文化贸易提供了源源不断的创新元素。例如，杭州的西湖文化、宁波的海洋文化、温州的商业文化等各具特色，形成了独特的文化符号和品牌影响力。

另外，浙江在发展文化创意产业、推动数字化转型等方面的积极态度，也为其文化贸易的持续发展提供了坚实的基础。例如，政府制定的一系列政策和措施，以及对新技术、新工具的运用，如云计算、大数据、人工智能等，都在提高文化产业效率和扩大文化贸易规模方面起到了重要作用。

总体来说，浙江的文化贸易在国内外都占有重要地位，其文化产业的繁荣、文化创意的活跃、文化贸易的发展，都在推动文化进步、促进经济发展、推动全球化进程等方面发挥了重要作用。展望未来，我们有理由期待浙江继续利用其文化软实力，推动文化产业和文化贸易发展，为推动全球文化繁荣和人类文明交流做出更大的贡献。

三、江苏文化贸易概况

江苏作为我国文化产业发达的地区之一，具有独特且鲜明的文化贸易特色。江苏在中国的文化产业领域独占鳌头，其文化贸易规模在全国名列前茅。官方数据显示，全省 9 850 家规模以上文化及相关产业企业 2022 年实现营业收入 12 880.7 亿元，按可比口径计算，比 2021 年增长 2.5%。这一数据充分展示了江苏在文化贸易领域的重要性及其强大的发展潜力。江苏的文化贸易出口额与进口额均呈现出强劲的增长势头，2019 年江苏对外文化贸易额达到 108.5 亿元。这一数据既证明了江苏具有较高的文化产品质量和竞争力，又显示出江苏在全球文化市场中的开放态度和包容精神，它积极引入外来的优秀文化资源，以丰富本土文化的多样性。

江苏的文化贸易以电影、视听编目、动画游戏、设计与广告等为主要领域。这些领域均在文化产业中占据着核心地位，每一个领域都有自己独特的价值链和商业模式，也都有大量的创新潜力和发展空间。

电影产业作为江苏文化贸易的一个重要组成部分，不仅推动了本地文化的全球传播，也带动了相关产业的发展，如电影制作、发行、展示等。同时，进口的优质国际电影，也提升了当地观众的观影体验和文化享受。

视听编目和动画游戏是江苏文化贸易的另一重要领域。江苏的动画游戏产业已经在全球范围内树立了良好的品牌形象，其产品远销海外，赢得了众多用户的青睐。同时，引入的优秀视听编目，也为当地观众提供了丰富的视听享受。

设计与广告是江苏文化贸易的又一重要领域。设计行业作为文化创意产业的重要组成部分，不仅具有极高的经济价值，更是城市软实力的重要体现。广告产业则是连接生产和消费的重要桥梁，其发展水平和能力直接影响到文化产品的市场推广和销售。

总体来说，江苏文化贸易的发展，既得益于江苏自身深厚的文化底蕴和优秀的文化资源，也离不开其开放包容的市场环境和有力的政策支持。江苏将持续发挥其在文化贸易中的领军作用，通过积极的国际文化交流和合作，推动中国文化产业的健康发展和全球影响力的提升。

四、上海文化贸易概况

上海作为我国重要的经济文化中心之一，展现出强劲的文化贸易发展态势。2022年，上海创意设计产业总产出达到1.64万亿元，上海文创产业占全市生产总值的比例约为13%，文创从业人员人均产出达170万元，展现出文创产业发展的韧性和活力，充分证明了上海在文化产业发展中的领先地位。根据统计，2021年，上海市文化产品和服务进出口总额为1 033亿元，同比上升54.14%，首度达到千亿元规模，这一数据无疑展现了上海强大的文化输出能力和国际影响力：一方面，出口数据展现了上海的文化产品在全球市场的影响力和吸引力；另一方面，进口数据体现出上海对全球优质文化产品的需求和吸纳能力，以及上海在文化交流和文化引领方面的开放和包容精神。

上海的文化贸易类型丰富多样，主要包括影视作品版权、艺术品贸易、数字出版等。在影视作品版权方面，上海是国内首批试点的版权交易市场，推动了电影、电视剧等作品的版权保护和交易发展。在艺术品贸易方面，上海凭借其良好的金融市场环境，吸引了大量的艺术品交易活动，促进了艺术品市场的繁荣和发展。在数字出版方面，上海利用其强大的科技实力和市场潜力，推动了数字出版的创新和发展。值得一提的是，上海还是多个大型文化活动的举办地，如中国国际影视节、上海书展、上海国际艺术品交易会等。这些活动的举办，不仅增强了上海的文化影响力，也为上海的文化贸易注入了新的活力。此外，作为国际文化中心城市建设的重要一环，上海正在积极推动文化和金融等领域的融合，创新的机制和政策为上海的文化贸易发展提供了有力支持。

总体来说，上海的文化贸易发展得益于其深厚的文化底蕴、优秀的创新能力、开放的市场环境和有力的政策支持。未来，上海将进一步发挥其在文化贸易中的领导地位，推动中国文化产业的健康发展，提升中国文化的全球影响力。

五、北京文化贸易概况

北京这座历史与现代并存的首都城市，以其深厚的文化底蕴和发展势头成为中国重要的文化产业中心。官方数据显示，2022 年，北京规模以上文化及相关产业法人单位实现收入合计 17 997.1 亿元，与上年持平。其中，规模以上文化企业实现营业收入 17 555.3 亿元，同比增长 0.2%。此外，2021 年北京市文化产品进出口总额达到 61.3 亿美元，较上年增长 65.7%。数据显示，2021 年北京市文化产品出口额为 19.4 亿美元，同比增长 151.9%，文化产品进口额为 42 亿美元，同比增长 42.9%，凸显了北京文化产业的开放性和国际影响力。

北京的以版权输出为主导的文化贸易体系，充分发挥了该市在文化创新和传播上的优势。北京的文化贸易在电影电视剧版权、音乐版权、数字出版物版权等多个领域都表现出强大的出口潜力。北京的电影电视剧在全球范围内享有广泛的影响力，成为我国文化软实力输出的重要载体。同时，音乐版权的输出以及数字出版物版权的输出也在稳步增长，为北京文化产业创造了丰富的经济效益和社会影响。

北京还是许多知名文化企业的总部所在地，如华谊兄弟、阅文集团等。这些企业旗下拥有丰富的文化产品和版权资源，其产品和服务不仅遍布全国，而且出口到世界各地。这些企业的发展壮大，不仅推动了北京文化贸易的规模扩大，也提升了北京文化的影响力和竞争力。此外，这些企业在文化产业链的各个环节中都具有较强的控制能力，可以通过整合资源、优化管理、提升效率，来推动文化产业的持续健康发展。

北京在文化贸易中的地位和发展，离不开其强大的文化底蕴、先进的科技支持、完善的市场机制和有利的政策环境。北京市政府高度重视文化产业的发展，出台了一系列政策措施，以鼓励创新、支持企业发展、促进国内外文化交流。同时，北京正努力推动文化产业向数字化、智能化转型，以满足日益多元化、个性化的消费需求。

展望未来，北京的文化贸易还有巨大的发展潜力和广阔的市场空间。我们期待北京能够更好地发挥其在文化产业中的领导作用，推动中国文化走向世界，使中国文化的魅力能够被更多人了解和欣赏。

第二节　粤、浙、苏、沪、京文化贸易竞争力对比分析

钻石模型中的四个要素，分别为生产要素、需求条件、相关与支持性产业、竞争性产业，本节围绕这四个要素对比分析广东和浙江、江苏、上海、北京文化

贸易竞争力的优劣，为文化产业和文化贸易竞争力的研究提供科学的分析方法和决策依据。

一、生产要素对比分析

生产要素是指一个国家在特定产业竞争中有关生产方面的表现，包括自然资源、人文资源、资本资源、人力资源等。生产要素条件能对当地的文化贸易产业发展起到较强的支撑作用，如影视、动漫、游戏、广告、传媒等，这些行业与文化产业相关度高且不断向文化产业转化。

1. 文化及其相关资源分析

文化自然资源方面，广东、浙江、江苏、上海、北京都拥有悠久的文化历史，各地的自然文化资源都非常丰富。《世界遗产名录》公布的数据显示，截至 2023 年，广东有 2 处世界文化和自然遗产，浙江、江苏分别有 4 处世界文化和自然遗产，北京有 7 处世界文化和自然遗产，上海没有。广东、浙江、江苏、上海、北京五地在文化基础资源方面都具有非常雄厚的实力，其中，浙江在各级别的非遗数量上占有优势，位居全国第一，其次为广东。文化相关资源为各地的文化产业发展提供了无形的资源，从表 5–1 统计的相关数据来看，广东的文化及相关资源很丰富，与其他四地不相上下。

表 5–1 五省市文化相关资源情况

省市	资源分布情况
广东	截至 2022 年年底，全省范围内存在各类专业艺术表演团体共 76 个，群众艺术馆和文化馆共计 144 个，县级以上公共图书馆达到 150 个，博物馆数量达到 340 个。全省设有 2 座广播电台、3 座电视台以及 95 座广播电视台，广播综合人口覆盖率和电视综合人口覆盖率均为 99.98%。有线广播电视用户数量为 1 779.76 万户，较上一年末增长了 10.9%；交互式网络电视用户数量为 2 049.05 万户，较上一年末增长了 0.7%；互联网应用用户数量达到 4.76 亿户；超高清用户数量为 2 597.51 万户，较上一年末增长了 2.8%。全年共制作了 18 部电视剧。全年报纸发行量达到 14.43 亿份，各类期刊发行量为 0.89 亿册，图书总印数达到 4.93 亿册。全省共有 144 个综合档案馆，全省已拥有 165 项国家级非物质文化遗产项目，816 项省级非物质文化遗产项目，并有 5 项非物质文化遗产技艺被列入联合国教科文组织非物质文化遗产代表作名录
浙江	截至 2022 年年底，全省范围内共有县级以上公共图书馆 102 个，文化馆 102 个，文化站 1 360 个，博物馆 432 个，世界遗产数量为 4 个，其县级文化馆和图书馆的覆盖率均达到 100%，乡镇文化站和行政村文化活动室的覆盖率也均达到 100%，公共图书馆的虚拟网络基本实现全覆盖。广播人口覆盖率为 99.81%，电视人口覆盖率为 99.88%。全年共制作完成 55 部影片，其中获得公映许可证的影片有 11 部，电影票房收入达到 22.5 亿元。图书出版社总数为 15 家，公开发行报纸种类达到 66 种，出版期刊种类为 236 种。全省拥有 11 项人类非物质文化遗产代表作、241 项国家级非物质文化遗产名录项目以及 996 项省级非物质文化遗产名录项目，居全国首位

续表

省市	资源分布情况
江苏	截至 2022 年年底，全省共设有文化馆和群众艺术馆 116 个，公共图书馆 122 个，博物馆 366 个，美术馆 48 个，综合档案馆 113 个，向社会开放档案数量达 319.3 万卷。广播电台数量为 4 座，电视台数量为 4 座，广播电视台数量为 10 座，县级融媒体中心（县广播电视台）共计 64 个，中短波广播发射台和转播台共有 21 座，广播综合人口覆盖率和电视综合人口覆盖率均达到 100%。有线电视用户数量为 1 248.2 万户，有线数字电视用户数量为 1 243.2 万户，有线电视数字化率达到 99.6%。全年共制作了 10 部电视剧，共 369 集；领取了 6 部电影公映许可证，均为故事性电影；报纸发行量为 18.68 亿份，期刊发行量为 1.2 亿册，图书发行量为 6.6 亿册。全省现有不可移动文物超过 2 万处，可移动文物超过 280 万件，世界文化遗产数量为 3 处，全国重点文物保护单位为 251 处，拥有各类非物质文化遗产资源项目超过 2.9 万个。其中，列入联合国教科文组织非物质文化遗产名录的项目有 11 个，国家级非物质文化遗产项目有 162 个，国家级非物质文化遗产传承人数量为 178 名
北京	截至 2022 年年底，全市共有公共图书馆 21 个，总流通量达 769.5 万人次；国家档案馆数量为 18 家，馆藏纸质档案达 1 049.5 万卷；备案博物馆数量为 210 家，其中 100 家对外免费开放；群众艺术馆和文化馆共有 18 个。全市登记在册的报刊总数为 3 514 种，出版社数量为 240 家，出版物发行单位数量为 10 419 家。全年引进出版物版权数量为 7 446 件，版权（著作权）登记数量为 105.4 万件。有线电视实际用户数量为 610.1 万户，其中高清电视实际用户数量为 344.2 万户，超高清实际用户数量为 193.7 万户。全年共制作了 36 部电视剧，共 1 260 集；电视动画片 20 部，时长 4 351 分钟；纪录片 150 部；网络剧 58 部；网络电影 98 部；网络微短剧 43 部；网络动画片 28 部。全年共制作了 135 部电影，共有 30 条院线和 292 家影院，放映场次达 262.9 万场，观众人次达 2 575.4 万，票房收入为 14.2 亿元。全市拥有国家级非物质文化遗产代表性项目 103 个，市级代表性项目 273 个，区级代表性项目 909 个。京剧、皮影戏等项目已被列入联合国教科文组织人类非物质文化遗产代表作名录，共有国家级代表性传承人 104 人，市级代表性传承人 254 人，区级代表性传承人 731 人。相声、象棋、同仁堂中医药文化、厂甸庙会、全聚德挂炉烤鸭技艺等众多耳熟能详的文化项目均包含在其中
上海	截至 2022 年年底，全市公共图书馆共有 20 个，总流通人次为 580 万；文化馆数量为 19 个；备案博物馆数量为 159 个。全年旅游产业增加值达 874.02 亿元，相比上一年下降了 42.3%。全市星级宾馆数量为 165 家，旅行社数量为 1 885 家，A 级旅游景区数量为 134 个，红色旅游基地数量为 34 个。全市不可移动文物共计 3 467 处，其中包括全国重点文物保护单位 40 处、上海市文物保护单位 227 处，过去 10 年分别增长了 110% 和 41%。全市共有国家级非物质文化遗产代表性项目 63 项，市级项目 251 项，区级项目近 800 项，国家级代表性传承人数量为 120 名，市级传承人数量为 794 名，区级传承人数量近千名。同时，有 19 个项目被列入国家传统工艺振兴目录，80 个项目被列入市级传统工艺振兴目录，还设立了 2 处国家级非遗生产性保护示范基地

数据来源：各省市 2022 年国民经济和社会发展统计公报。

2. 生产力指数分析

中国省市文化产业发展指数体系由产业生产力、影响力和驱动力三个分指数构成。其中，生产力指数从投入的角度评价文化产业的企业主体、文化资本和人力资源的情况。2022 年度文化产业生产力指数排名前十的省市分别是广东、北京、浙江、江苏、山东、上海、福建、河南、四川、湖北（图 5–1）。广东、浙江、江苏、上海、北京五地均有上榜，其中广东排名第一，北京、浙江、江苏紧追其后，上海稍稍落后。广东在产业主体、人力资源方面优势明显。统计数据显示：截至 2022 年年底，广东文化企业数量超过 66 万家，规模以上文化企业超过 1 万家，从业人员数量超过 300 万人，位列全国第一。北京排名第二，在文化资本方面投入较大。浙江在产业活跃主体、注册资本和从业人员三方面发展较为良好。这一指数显示，广东稍稍领先其他省市。

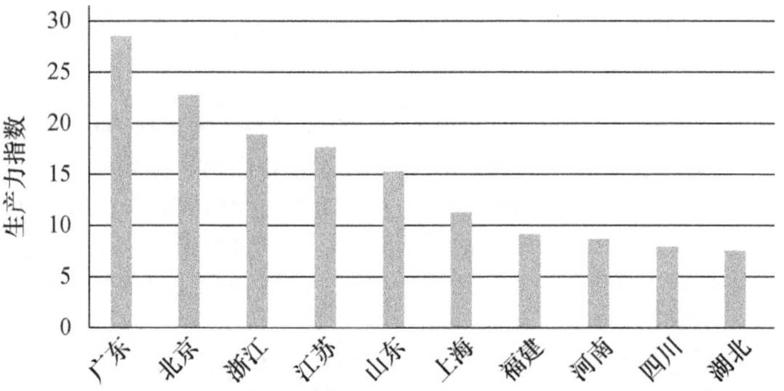

图 5-1　2022 年度文化产业生产力指数排名前十的省市

数据来源：中国人民大学文化产业研究院。

3. 文化产业发展综合指数对比分析

文化产业发展综合指数是反映地区文化产业综合性发展能力的一个体系指数。2022 年度文化产业发展综合指数前十的省市分别是北京、浙江、广东、上海、山东、江苏、湖北、河南、四川、安徽（图 5-2）。北京在“十三五”期间连续五年保持第一，浙江连续三年位列第二，广东、上海紧追其后，这与地区经济发展水平以及长三角一体化、粤港澳大湾区等国家重大区域发展战略都是密切相关的。文化产业发展综合指数反映了广东的综合发展实力在五省市中居于中间，但仍居全国领先位置。

4. 文化产业投资吸引力指数分析

投资吸引力指数综合考虑了省市文化企业吸纳投资总次数及总数量，该指数可以反映一定时期内投资者对该地区文化产业的青睐程度，并体现跨省的投资吸引情况。2022 年投资吸引力指数排名前十的省市分别为：广东、上海、浙江、福建、北京、西藏、江西、山东、四川、湖北（图 5-3）。广东夺魁，上海、浙江、北京紧追其后，但是江苏未能上榜，投资者对江苏地区文化产业的青睐程度较低，这一指标反映了广东比其他地区具有更大的潜力。

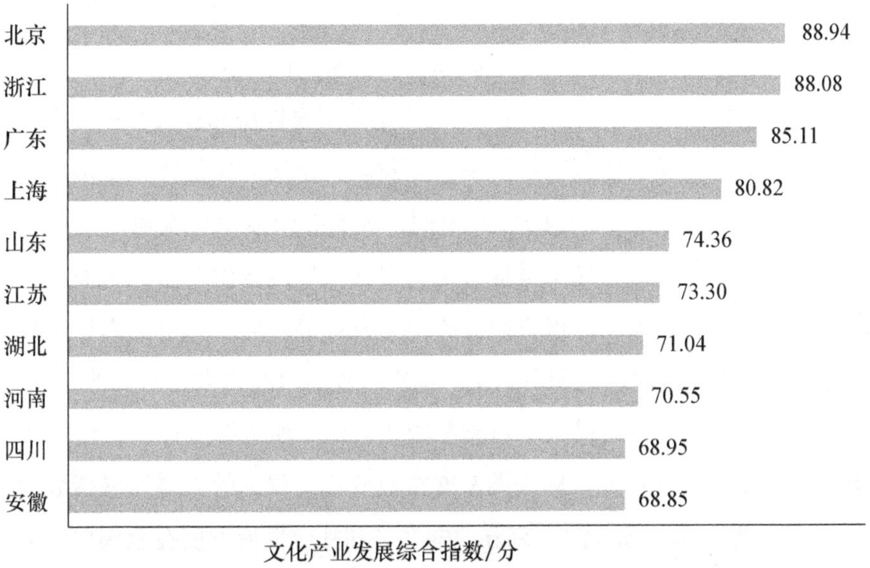

图 5-2　2022 年中国省市文化产业发展综合指数排名（前十名）

资料来源：中国人民大学文化产业研究院。

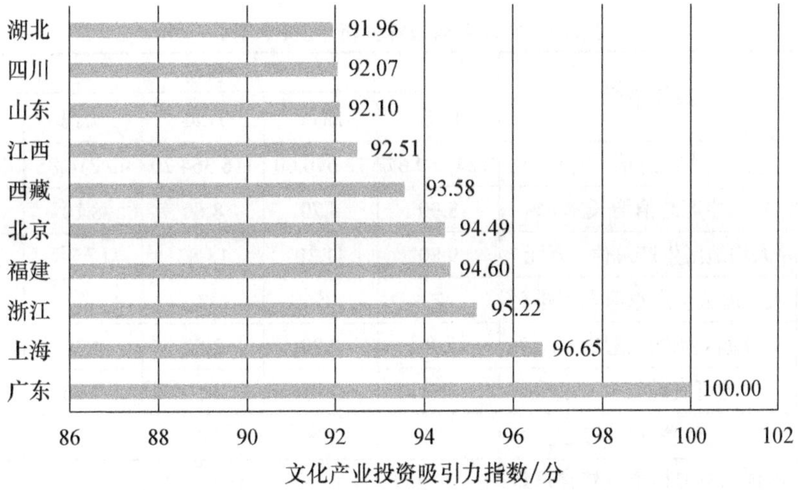

图 5-3　2022 年中国省市（区）文化产业投资吸引力指数排名（前十名）

资料来源：中国人民大学文化产业研究院。

二、需求条件对比分析

需求条件是指国内外对该产业的需求情况，具体是指消费者和市场对文化产品的需求大小。国内外市场需求在刺激和提高文化贸易竞争优势上具有积极的作用。

需求要素采用地区生产总值、地区生产总值增长率、人均地区生产总值及人均地区生产总值增长率来反映国内市场需求规模；用人均可支配收入、人均消费支出指标来反映居民消费能力；采用人类发展指数综合指标来反映一国或地区经济和社会发展程度，指数一般为0～1，指数越接近1，说明这个国家经济和社会发展程度越高；采用常住人口数量指标来反映地区市场规模；用我国文化贸易额整体反映国际市场对我国文化产品的依赖度。以2022年的数据为例，表5-2中显示，就地区生产总值总规模而言，广东、江苏两省份领先于其他省市，但在人均地区生产总值方面，北京、上海占据优势，在文化市场国内需求方面五省市均有优势，但广东由于人口基数大，文化产业发展集中在珠三角地区，相对来说，国内市场需求潜力大，与其他省市差距小，但因为人均经济总量偏少，居民人均可支配收入较低，所以综合而言，广东的文化消费支付能力低于其他四个省市。从人类发展指数分析，我国的人类发展指数为0.768，居全球第79位，粤、浙、苏、沪、京五地的经济和社会发展程度在全国居于前列。广东的人类发展指数低于上海和北京，但比江苏和浙江优一些。我国文化产品和服务在国际市场需求规模上表现为增长趋势，特别是在文化服务方面，游戏、动漫产品的出口表现出优势。国际市场对中国文化产品和服务的需求旺盛。

表5-2 需求要素指标分析（2022年）

需求条件	具体指标	省份				
		广东	浙江	江苏	上海	北京
国内市场的需求规模	地区生产总值/亿元	124 369.67	73 516.00	116 364.20	43 214.85	40 269.60
	地区生产总值增长率/%	8.00	8.70	8.60	8.10	8.50
	人均地区生产总值/万元	9.80	11.30	13.83	17.38	18.39
	人均地区生产总值全国排名	7	5	3	2	1
	人均地区生产总值增长率/%	1.70	2.20	2.50	4.00	0.80
居民的消费能力	人均可支配收入/万元	4.71	5.03	4.99	7.96	7.74
	人均消费支出/万元	3.22	3.90	3.28	4.60	4.27
人类发展指数	由预期寿命指数、教育指数和人均地区生产总值指数三个分项指数构成	0.844	0.841	0.837	0.908	0.891
人口数量	常住人口/万人	12 656.80	6 577.00	8 515.00	2 184.30	2 475.89
	全国排名	1	8	4	26	23
国际市场需求规模	截至2021年，中国对外文化贸易总额同比增长38.7%，首次超过2 000亿美元。在出口市场方面，美国、英国、德国、法国、荷兰和日本位于前列；而进口市场主要包括德国、法国、美国和日本等国家。近年来，中国与“一带一路”共建国家和地区的对外文化贸易规模逐步扩大，特别是出版物、工艺美术品及收藏品、文化用品的进出口额有较快增长。中国文化产品的出口额在全球范围内连续多年处于领先地位					

数据来源：国家统计局及各省市统计年鉴。

三、相关与支持性产业对比分析

文化贸易的发展需要一系列外围及辅助产业的支撑，相关和支持性产业与文化产业形成关联行业集群，从而有助于文化产业取得国际竞争的有利地位。相关与支持性产业是指与文化产业相关度较高、相互促进发展的产业，如餐饮、酒店、物流等，这些行业为文化产品提供了更好的营销和服务环境，形成了完整的文化产业链，提升了文化贸易的竞争力。广东的各主要产品从原材料供给到加工组装都具备了一定的规模优势和产业集聚优势，这为文化贸易的制造创造了有利的条件。此外，旅游业和会展业的迅速发展也为工艺品、设计产品的出口提供了支持。下面从文化产业增加值、互联网发展水平对文化产业发展的支持、驱动力指数对文化产业的支撑三个方面对比分析市场对文化产业的需求大小。

1. 文化产业增加值比较分析

文化产业是文化贸易发展的基础，文化贸易的规模取决于文化产业发展的规模与增长速度。广东、江苏、浙江、北京、上海五省市文化贸易的发展，根本在于文化产业的发展。广东文化产业增长率并不算高，但因产业基础较好，2022 年文化产业增加值已达 6 900 亿元，居全国第一；2021 年江苏文化产业增加值达 5 907 亿元，连续多年稳居全国第二；2021 年浙江文化产业增加值为 5 145 亿元，占全省生产总值的比重为 6.95%；2021 年北京一直保持较快的增长速度，文化产业增加值为 4 509.2 亿元；2022 年上海文化产业增加值占全市生产总值的比例约为 6.3%，增加值约为 2 813 亿元。在文化产业增加值方面，广东胜于国内其他省市。广东文化贸易在全国连续多年位列第一，反映了广东文化贸易竞争力较强。

2. 互联网发展水平对文化产业发展的支持

文化贸易的发展同样需要互联网数字技术的支持，表 5-3 和表 5-4 的数据显示，广东“.CN”域名数、“. 中国”域名数以及网络协议版本 4（Internet Protocol version 4，IPv4）比例均居北京之后，强于江苏、浙江和上海。从地区分布来看，北京、上海、广东、浙江、江苏的互联网相关领域投融资热度位列全国前五，其事件数占总体的比例合计达 79.9%，其金额数占总体的比例合计达 82.4%。北京、上海、广东、浙江、江苏五省市的互联网发展在全国居前列，表现均不俗。北京在互联网数字领域的支持最为强劲，而广东的互联网发展也是能够支持文化产业和贸易发展的。

表 5-3 各省市".CN"域名、". 中国"域名数量

省市	域名		".CN"域名		". 中国"域名	
	数量 / 个	占域名总数比例 / %	数量 / 个	占".CN"域名总数比例 / %	数量 / 个	占". 中国"域名总数比例 / %
北京	7 388 747	21.50	5 279 861	26.30	25 906	14.00
广东	5 438 449	15.80	3 194 969	15.90	15 872	8.60
福建	4 049 711	11.80	3 369 420	16.80	5 663	3.10
贵州	1 811 627	5.30	1 671 125	8.30	3 193	1.70
山东	1 731 255	5.00	932 263	4.60	29 153	15.70
江苏	1 507 336	4.40	575 655	2.90	8 313	4.50
四川	1 401 929	4.10	447 007	2.20	11 904	6.40
上海	1 302 602	3.80	446 026	2.20	7 522	4.10
浙江	1 282 966	3.70	379 819	1.90	7 314	3.90

注：以上数据统计截止日期为 2022 年 12 月 31 日。
数据来源：CNNIC。

表 5-4 部分省市 IPv4 比例

省市	IPv4 比例 / %
北京	25.49
广东	9.54
浙江	6.47
山东	4.89
江苏	4.76
上海	4.52

注：以上数据统计截止日期为 2022 年 12 月 31 日。
数据来源：CNNIC。

3. 驱动力指数对文化产业的支撑

驱动力指数从外部环境角度围绕文化产业高质量发展评价文化产业发展的市场驱动力、公共支持力和创新持续力。2022 年度驱动力指数排名前十的省市分别为浙江、广东、北京、上海、江苏、山东、四川、福建、湖北、安徽（图 5-4）。数据统计显示：浙江排名第一，较受资本青睐，在投资吸引、国家级文化产业示范区数量等方面全国领先。截至 2022 年，浙江国家级文化产业示范园区、国家文化产业示范基地、国家文化和科技融合示范基地等文化产业国家级品牌数量总计达到 164 个。广东在驱动力指数方面排名第二，拥有超过 90 万个文化产业相关商标和 30 万个专利、软件著作权等与文化产业相关的知识产权。北京排名第三，在媒体品牌认可、企业宣传方面位于全国前列。广东的支持性产业对文化产业与贸易有很大的支持，相关指标在各省市中居于前列。

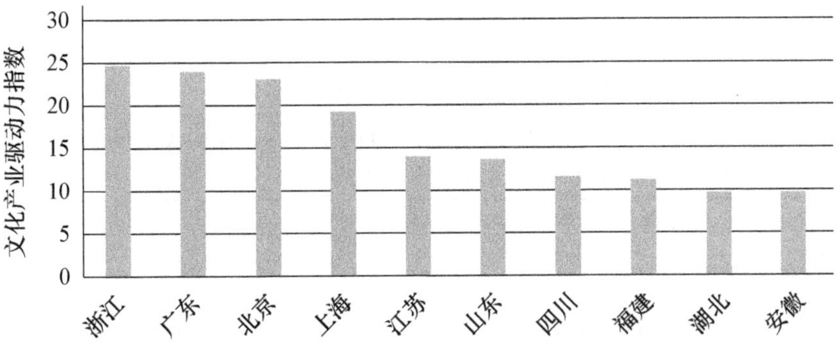

图 5-4　2022 年度我国文化产业驱动力指数排名前十的省市

数据来源：中国人民大学文化产业研究院。

四、竞争性产业对比分析

竞争性产业是指与文化贸易有着一定竞争关系的产业，如金融、科技、旅游等。国内的竞争环境造就了公司在国际上的竞争能力。文化企业是进行文化贸易的主体，文化企业积极参与竞争，增强实力，使得文化贸易的竞争力增强。企业想增强实力，其组织管理方式、经营战略等尤为重要。

1. 产业发展目标对比分析

2020 年 11 月，为贯彻落实党中央、国务院决策部署，实施文化产业数字化战略，文化和旅游部印发了《关于推动数字文化产业高质量发展的意见》（以下简称《意见》）。《意见》从企业培育、产业集群和产业项目三个方面提出了到 2025 年的发展目标。各地积极根据《意见》内容，制定本省市的文化产业发展目标。从发展目标来看，上海的文化产业增加值已经超过了 10%，而北京和江苏则把文化产业增加值的目标设定为 10%。广东文化产业增加值占全省生产总值的比例超过 6% 的目标相对于其他省市，占比略低（表 5-5）。

表 5-5　“十四五”时期各省市文化产业发展目标

省市	发展目标
广东	到 2025 年，广东更高水平的文化和旅游强省建设取得重大进展，文化事业更加繁荣兴盛，文化和旅游产业发展质量显著提升，人民精神文化生活日益丰富。到 2025 年，文化产业增加值占全省生产总值的比例超过 6%
北京	到 2025 年，力争文化产业增加值占地区生产总值比例达到 10% 以上
上海	聚焦文化创意产业重点领域，推动文化、旅游、体育产业提质增效、创新融合，实施文化创意产业数字化战略，加快发展新型文化企业、文化业态、文化消费模式

续表

省市	发展目标
浙江	到 2025 年，文化及相关产业增加值达到 6 400 亿元
江苏	到 2025 年，力争文化产业增加值占地区生产总值的比例达到 10% 以上。到 2025 年，江苏文化产业增加值对长三角区域贡献率超过 40%

资料来源：各省市《"十四五"规划纲要和 2035 年远景目标纲要》。

2. 产业链发展对比分析

文化产业具有独特的产业链，包括上游的内容产业、中游的设计制作产业，以及下游的营销服务产业和衍生产业。整个产业链围绕知识产权的形成、发展、保护、升值和转化，通过知识产权的价值传递，构建可持续发展的文化产业链条。在各个环节中，一些实力雄厚、具有较强竞争力和影响力的大型骨干文化企业扮演着龙头的角色，它们是我国文化市场的主导力量。根据《文化及相关产业分类（2018）》对文化产业细分行业的界定，上游内容产业包括出版公司、广播影视公司、数字内容服务公司和新闻信息服务公司；中游设计制作产业包括创意设计服务公司和文化装备生产等；下游营销服务产业和衍生产业则包括文化传播渠道公司和运营公司。

截至 2023 年，我国文化产业上市公司按照产业链分类，上游有 10 家，中游有 16 家，下游有 5 家，这些公司主要集中在我国东部地区。广东的文化产业上市公司在五省市中处于领先地位，数量最多且最为突出。广东的上游文化产业上市公司有 2 家，中游文化产业上市公司有 5 家，其规模以上的文化企业技术水平较高，市场份额也较大，直接推动和引领其所在行业的发展，起到领军作用。广东的全部重点文化企业虽然占据了总行业的 6.2%，但其创造的增加值占据了全部产业增加值的 2/3 以上，显示出广东在大规模文化企业方面的优势（表 5–6）。

表 5–6　五省市文化产业上市公司情况

省市	上游	中游	下游
北京	中国出版、中国电影	蓝色光标、华扬联众	万达电影
上海	新华传媒	晨光股份	—
浙江	横店影视	宏华数科、万隆光电、杭华股份	—
江苏	凤凰传媒	启迪设计、恒久科技、路通视信	—
广东	奥飞娱、大悦城	建科院、纳思达、奥尼电子、金马游乐、齐心集团	—

数据来源：各公司官网公告数据。

3. 文化产业上市公司产业竞争力布局对比分析

目前我国文化产业上市公司的业务布局呈现出一定的特点。服务型企业主要集中在国内地区，而产品型企业则更多地布局在全球范围内。我国的文化产业中，存在着众多细分行业，企业之间的竞争也相对激烈。上市公司中的服务型企业主要以国内市场为主要经营区域，提供各类文化服务，而产品型企业则通过全球布局，将产品出口至世界各国各地区，具备一定的全球竞争力。广东的文化产业上市公司的布局在国内外都有较好的分布，在企业数量上和业务布局分布上有更好的优势（表 5-7）。

表 5-7 2023 年中国文化产业上市公司文化产业业务布局情况分析

公司简称及股票代号	文化产业业务占比 / %	重点布局区域	文化产业业务概况	省市	业务涉及范围
蓝色光标（300058）	100.00	为全球范围内超过 3 000 家客户提供服务，出海业务营收占比超过 70%	公司长期致力于为企业和组织提供品牌管理与营销服务，始终聚焦于营销传播服务行业	北京	国际市场
华扬联众（603825）	100.00	国内为主	公司以基于大数据区块链和人工智能技术研发的系列技术平台和营销工具，为品牌提供全链路营销服务，助力品牌客户实现“品效销合一”的营销目标	北京	国内市场
启迪设计（300500）	45.02	江苏为主	公司以全国一流城乡建设科技集团为战略定位	江苏	国内市场
建科院（300675）	17.06	华南地区为主	公司提供涵盖科研、规划、设计、咨询、检测、项目管理以及运营等全过程所需的综合解决方案	广东	国内市场
宏华数科（688789）	58.00	内销为主	公司通过为客户提供数码喷印一体化综合解决方案，实现设备、耗材应用推广	浙江	国内市场
恒久科技（002808）	72.69	内销为主	公司的核心业务为激光有机光导鼓系列产品的研发、生产和销售	江苏	国内市场
纳思达（002180）	73.47	已经在全球 150 多个国家进行销售与服务	公司业务已覆盖了打印机全产业链，包括激光打印机整机、激光打印机原装耗材、打印机主控 SOC 芯片、打印机通用耗材、打印管理服务	广东	国际市场
路通视信（300555）	57.70	华东地区为主	公司为广电网络双向化改造和下一代广播电视网建设提供网络传输类产品、数据通信类设备及智慧应用整体解决方案	江苏	国内市场

续表

公司简称及股票代号	文化产业业务占比 / %	重点布局区域	文化产业业务概况	省市	业务涉及范围
万隆光电（300710）	87.10	国内地区主要以浙江为主，国外包括已经进入的俄罗斯、英国、德国、法国、美国、意大利、阿根廷等	公司提供广电混合光纤同轴网络、以太无源光网络和以太同轴网络等领域的全系列广电网络及通信系统解决方案	浙江	国际市场
奥尼电子（301189）	59.24	全球布局	公司智能摄像机定位于消费物联网细分视频摄像机市场，主要产品为智能网络摄像机、摄像头、高清视频会议摄像机	广东	国际市场
金马游乐（300756）	99.14	主要在国内布局	公司是一家专业从事大型游乐设施、虚拟沉浸式游乐项目研发、制造、销售、安装及创新文旅项目投资运营于一体的综合性文旅服务企业	广东	国内市场
晨光股份（603899）	52.05	公司产品远销 50 多个国家和地区，在泰国、越南、马来西亚等国家设有经销体系和采购网络	公司从事品牌书写工具、学生文具、办公文具等的设计、研发、制造和销售	上海	国际市场
齐心集团（002301）	97.55	国内为主	公司围绕大办公产业链所涵盖的硬件、软件和服务等多个领域，以数字化连接商业活动，致力成为一家值得依赖的企业级全场景运营服务商	广东	国内市场
杭华股份（688571）	100.00	国内为主	公司主要从事符合国家环保战略方向的节能环保型油量产品及数码材料、功能材料的研发、生产和销售服务	浙江	国内市场

数据来源：各公司公告，前瞻产业研究院。

4. 文化产业上市公司文化产业业务规划对比分析

《“十四五”文化产业发展规划》提出了文化产业发展的七个方面，包括推进文化产业创新发展、优化供需结构、优化空间布局、推动融合发展、激发市场主体活力、培育国际合作竞争新优势以及深化文化与金融合作。该规划要求在新发展阶段，贯彻新发展理念，服务于构建以国内大循环为主体、国内国际双循环相互促进的新发展格局。粤、浙、苏、京、沪五地的文化产业上市公司的文化产业业务发展战略见表 5-8。

表 5–8 “十四五”期间五地文化产业上市公司的文化产业业务发展战略

公司简称及股票代号	业务规划	省市
蓝色光标（300058）	未来五年，公司将推进实施“721”战略，其中“7”为已有业务，收入规模将在现有的 400 亿元基础上持续保持稳定增长；“2”为增量业务，重点是推进营销战略；“1”为新业务布局及元宇宙业务	北京
华扬联众（603825）	公司将拓展业务领域至数字文博领域、元宇宙领域、新体育产业领域、营销云领域，同时公司还会加强与顶级学府及相关科研机构的技术合作和交流	北京
启迪设计（300500）	公司业务将形成“2+3”的五大板块总体构架：“2”是指全过程咨询工程总承包，作为固本的基石，公司将稳中求进，稳固好基本面；“3”是指双碳加数字化加城市更新，作为公司创新业务类型，未来将积极探索新的商业模式，研发相关领域的产品，谋求持续稳定的营收来源	江苏
建科院（300675）	结合城市客户战略布局，拓展新业务类型，提升服务附加值，加快科技成果变现	广东
宏华数科（688789）	公司将树立数码喷印品牌，持续坚持研发投入，进一步提升数码喷印设备智能化、互联化能力，依托数码喷印技术支点，推动上下游产业链重构；借助区块链技术，升级纺织印花交易模式，提升全产业链生产效率；将宏华数科打造成为以数码喷印为依托，与区块链技术有机结合的数码印花智慧供应链首选提供商	浙江
恒久科技（002808）	公司计划初步形成并正在继续培育由有机光导鼓、碳粉、硒鼓以及复印机租赁、共享打印复印机投放构成的影像整机与耗材产业链	江苏
纳思达（002180）	公司打印机业务将继续扩大市场份额，利用奔图和利盟双品牌协同效应，积极参与全球市场竞争。全力推进奔图 A4 中高速彩色激光打印机和 A3 复印机的研发进程	广东
路通视信（300555）	公司持续加大研发投入，围绕传统广电业务、创新类业务，创新研发产品及业务体系，推动公司业务转型升级，以市场驱动加研发驱动双轮引领。加强老产品的技术功能创新，在 5G+ 智慧广电的新赛道抢占先机	江苏
万隆光电（300710）	公司将持续重点关注 5G + 物联网建设带来的业务机会，并聚焦 5G 光传输、智慧城市、智能终端等业务，持续加大业务转型力度，打造运营商大客户接入及垂直行业网定制业特色业务品牌	浙江
奥尼电子（301189）	公司定位于智能视听软硬件方案商与制造商，与上游芯片、人工智能算法、云计算服务等企业建立技术合作，实现技术集成与智能制造之双重职能的统一，增强与品牌客户合作的黏性和持续性，并有效控制开发风险，提升开发质量，缩短上市周期，为品牌客户提供从方案设计到产品制造的一体化解决方案	广东
金马游乐（300756）	公司以市场需求为导向，进一步丰富优质游乐产品供给，基于前瞻性布局，持续推进新技术的研发及运营，积极推进科技成果转化，结合新概念，聚焦新一代弹射过山车、城市地标式摩天轮、虚拟沉浸式游乐产品等。拓宽产品应用场景，加速实现进口替代，击穿各细分单品行业阈值，引领行业发展	广东
晨光股份（603899）	公司将全面推进四条赛道，推进全渠道布局、推进数字化建设、合理规划产能布局以及持续发展零售大店业务	上海
齐心集团（002301）	公司为适应行业发展与消费需求的变化，在品牌新文具业务方面将聚焦核心品类，充分调整产品结构、客户结构、利润结构，打造核心能力，营造良好生态，实现业绩稳步增长	广东
杭华股份（688571）	公司以技术创新为发展重点，以品质保证为根本立足点，继续坚持以发展绿色环保油墨为主业，争创国际一流油墨制造企业	浙江

数据来源：各公司公告，前瞻产业研究院。

5. 文化出口重点企业和重点项目比较

自2007年起，商务部和文化部根据各地文化企业的出口规模、创汇情况和产品出口潜力等绩效指标，每两年评选一次“国家文化出口重点企业和重点项目”。当前，获得双重称号的企业和项目已成为我国文化贸易的主要推动力量。北京、上海、广东、江苏、浙江五省市的文化出口重点企业和重点项目数量反映了各地区文化贸易企业的实力和文化贸易发展潜力。

（1）文化出口重点企业比较。根据商务部发布的《2021—2022年度国家文化出口重点企业》，全国总共有369家文化出口重点企业，其中粤、浙、苏、沪、京地区共有168家，占比45.5%。广东位居第一，共有48家企业，江苏、北京和上海的重点企业数量相近，而浙江相对较少，仅有23家。在2019—2020年度国家文化出口重点企业中，全国共有335家企业，京、沪、粤、苏、浙地区共有165家，占比49.3%。其中北京和广东分别有40家和37家。粤、浙、苏、沪、京地区的文化出口重点企业的比例有所下降，表明全国各地的文化产业发展步伐加快，文化企业逐步崛起。

（2）文化出口重点项目比较。根据商务部、文化和旅游部发布的《2021—2022年度国家文化出口重点项目》，全国共有122个重点项目，与2019—2020年度的129个相差不大。其中，上海有13个重点项目，北京和江苏各有11个重点项目，广东有6个重点项目，而浙江最少，仅有2个重点项目。2019—2020年度，北京拥有18个重点项目，紧随其后的是上海，江苏有10个项目，而广东仅有5个重点项目，浙江只有3个重点项目。其具体情况见表5-9。

表5-9　五省市文化出口重点企业和重点项目数量

单位：个

省市	重点企业		重点项目	
	（2021—2022年）	（2019—2020年）	（2021—2022年）	（2019—2020年）
北京	32	40	11	18
上海	30	29	13	16
广东（含深圳）	48	37	6	5
江苏	35	32	11	10
浙江（含宁波）	23	27	2	3

数据来源：商务部《关于公示2021—2022年度国家文化出口重点企业和重点项目名单的通知》。

五、外生变量对文化贸易竞争力影响的对比分析

钻石模型中的政府与机会一直被视为外生变量，在本研究中被纳入对粤、浙、苏、沪、京的文化贸易竞争力对比分析。

1. 政府外生变量

联合国贸易和发展会议《2022 年创意经济展望报告》指出文化和创意产业提供了全球 6.2% 的就业，创造了近 5 000 万个工作岗位，雇用的年轻人比其他行业多。因此，各国政府都非常重视文化产业和贸易的发展，我国政府也不例外，出台了诸多政策促进相关经济发展。

政府作为主要的经济制度供给者，对文化产业与贸易的影响非常显著，从产业贸易发展选择、管理、监督到评估，政府都发挥着无可替代的作用，尤其是文化与国家意识、民族关系等密切相关。政府虽然是外生变量，但其在提升本国文化贸易国际竞争力中的作用不容小觑，政府可以通过经济、行政等各种手段给予支持。

（1）国家层面的支持性政策。国家出台诸多关于文化产业和文化贸易的政策法规对其进行大力支持。在产业贸易横向层面，遍及文化发展规划、公共文化服务、动漫游戏、文化体制改革、影视娱乐等多方面的政策法规是最有力的规划。我们对 2012—2021 年我国文化贸易产业相关政策进行梳理后发现，近 10 年国家对文化贸易非常重视，从横向和纵向都给予文化产业贸易强有力的支撑（表 5–10）。

表 5–10　国家层面发布的与文化产业贸易相关的支持性政策文件

发布时间	政策名称	发布机构	主要内容
2012 年 5 月	《“十二五”时期文化改革发展规划》	文化部	积极探索推动中华文化走出去的新方式、新办法，鼓励更多地区以民间和商业的方式走出去，促进不同文化的相互了解和尊重，建立健全政府对外文化贸易工作框架
2012 年 6 月	《关于加快培育国际合作和竞争新优势的指导意见》	国家发展和改革委员会等部门	加快实施文化“走出去”工程，积极发展文化贸易，加强海外中国文化中心和孔子学院建设，推进文化国际合作，提升中华文化的全球感染力和亲和力
2012 年 10 月	《关于深化文化体制改革推动社会主义文化大发展大繁荣工作情况的报告》	国务院	加快推动中华文化“走出去”，为提升国家文化软实力提供有力支撑。按照“政府主导、企业主体、民间参与、合作共赢”的要求，坚持整体谋划、循序渐进，统筹国际、国内两个市场、两种资源，统筹对外文化交流与对外文化贸易，提升中华文化在世界上的感召力和影响力

续表

发布时间	政策名称	发布机构	主要内容
2014年3月	《国务院关于加快发展对外文化贸易的意见》	国务院	立足当前，着眼长远，改革创新，完善机制，统筹国际、国内两个市场、两种资源，加强政策引导，优化市场环境，壮大市场主体，改善贸易结构，加快发展对外文化贸易，在更大范围、更广领域和更高层次上参与国际文化合作和竞争，把更多具有中国特色的优秀文化产品推向世界
2015年12月	《关于加快实施自由贸易区战略的若干意见》	国务院	加快发展对外文化贸易，创新对外文化贸易方式，推出更多体现中华优秀文化、展示当代中国形象、面向国际市场的文化产品和服务
2015年2月	《关于申报2015年度文化产业发展专项资金的通知》	财政部办公厅	推动对外文化贸易发展，重点对列入《2013—2014年度国家文化出口重点企业目录》有文化服务出口业绩的企业给予奖励；对列入目录的文化出口重点企业的境外投资等项目给予补助
2016年5月	《关于推动文化文物单位文化创意产品开发若干意见的通知》	文化部等四个部门	认真落实推进文化创意和设计服务与相关产业融合发展，发展对外文化贸易等扶持文化产业发展的税收政策，支持文化创意产品开发
2017年5月	《“十三五”时期文化产业发展规划》	文化部	坚持开放发展，深度融入国际分工合作，并按照国家构建开放型经济体制的总体要求，深度参与国际文化产业分工协作，研究制定和落实对外文化贸易相关政策措施，加快我国优秀文化产品、服务和文化企业走出去步伐，提升我国文化产业国际竞争力，构建互利共赢的文化产业国际交流
2018年4月	《关于申报2018年度文化产业发展专项资金（重大项目方面）转移支付项目的通知》	财政部办公厅、中宣部办公厅、商务部办公厅	推动对外文化贸易发展（商务部牵头负责），鼓励和支持我国文化企业参与国际竞争，扩大文化服务出口，推动中华文化走出去
2018年6月	《关于同意深化服务贸易创新发展试点的批复》	国务院	积极拓展新兴服务贸易，重点推进服务外包、技术贸易、文化贸易发展
2020年9月	《关于印发北京、湖南、安徽自由贸易试验区总体方案及浙江自由贸易试验区扩展区域方案》	国务院	国际商务服务片区重点发展数字贸易、文化贸易、商务会展、医疗健康、国际寄递物流、跨境金融等产业，打造临空经济创新引领示范区
2020年11月	《关于推进对外贸易创新发展的实施意见》	国务院办公厅	加快发展对外文化贸易，加大对国家文化出口重点企业和重点项目的支持，加强国家文化出口基地建设
2021年1月	《开好局起好步推动文化和旅游工作开创新局面 2021年全国文化和旅游厅局长会议工作报告》	文化和旅游部	统筹壮大国内文化市场和扩大对外文化贸易，坚持高水平走出去和高质量引进来并重

续表

发布时间	政策名称	发布机构	主要内容
2021 年 4 月	《关于推进海南自由贸易港贸易自由化便利化若干措施的通知》	商务部等 20 部门	支持创建国家文化出口基地，建设国家对外文化贸易基地，推动重点企业和项目落户，鼓励创新服务贸易国际合作模式，新签服务贸易国际合作协议时支持海南自由贸易港发展需求
2022 年 7 月	《关于推进对外文化贸易高质量发展的意见》	商务部等 27 部门	推进中国对外文化贸易高质量发展的主要目标和任务举措，对于促进中国对外文化贸易量质齐升，更好服务构建新发展格局具有重要意义，对进一步激发文化市场主体活力、抢抓数字文化创新发展新机遇、引导中华优秀文化"走出去"、提升中国文化软实力和文化产业竞争力也将发挥重要作用
2022 年 11 月	《关于推动在线旅游市场高质量发展的意见（征求意见稿）》	文化和旅游部	推动旅游行业的创新发展和智慧化水平，促进新技术应用和迭代创新，创造更多新就业形态和新就业岗位，成为旅游产业升级和旅游消费激发的新引擎

（2）地方层面发布的政策。在国家系列有关文化贸易的政策指引下，各地政府高度重视文化贸易的发展，根据国家相关文件制定了地方有关文化贸易的政策，提出要大力发展对外文化贸易，进一步扩大对外文化贸易，鼓励、引导地方文化产品和服务"走出去"参与国际竞争，提升各地对外文化贸易份额和当地文化的国际影响力（表 5-11）。

表 5-11　粤、浙、苏、沪、京五省市文化贸易产业相关政策梳理

省份	代表性政策名称及主要内容概要
广东	《广东省加快发展对外文化贸易的实施方案》（2015 年 3 月） 《广东省人民政府关于印发广东省推动服务贸易高质量发展行动计划（2021—2025 年）的通知》（2022 年 1 月）
浙江	《浙江省数字贸易先行示范区建设方案》（2020 年 11 月） 《浙江省关于加快发展文化服务和产品出口的若干意见》（2020 年 12 月）：扶持发展文化跨境电商，构建线上线下联动的文化贸易渠道，助推更多承载中华优秀传统文化、体现浙江特色文化创意产品和服务走向世界
江苏	《江苏省商务厅等 26 部门关于推进对外文化贸易高质量发展的若干措施》（2023 年 1 月）
上海	《上海市社会主义国际文化大都市建设"十四五"规划》（2021 年 9 月）
北京	《北京市人民政府办公厅关于加快发展对外文化贸易的实施意见》（京政办发〔2016〕17 号）（2016 年 3 月）

总体而言，政府对粤、浙、苏、沪、京地区发展文化产业与贸易的支持性政策非常多，各地在这一点上均获益。

2. 机会外生变量

当前，文化贸易发展面临着许多机遇。首先，全球化和数字化的进程为文化产品和服务的跨境交流提供了便利，使得文化贸易的规模和速度都得以扩大。互联网和数字技术的发展使得文化产品可以迅速、广泛地传播到全球各地，为文化贸易的发展创造更多机会。

其次，文化多样性得到了更多的重视，人们对于不同文化的兴趣和需求日益增长。文化多样性促使国家和地区更加重视保护与传承本土文化，并积极开展文化交流与合作。多元文化的交流与融合不仅丰富了人们的文化生活，也为文化贸易提供了更广阔的市场。

再次，旅游业的快速发展也带动了文化贸易的增长。越来越多的人愿意通过旅游来体验和了解不同地区的文化，观光旅游成为重要的文化贸易形式之一。国家和地区积极开展旅游宣传与推广活动，吸引游客前来体验本土文化，促进了文化产品和服务的贸易流动。

最后，国际合作和政策支持也为文化贸易的发展提供了重要保障。各国之间加强合作，签订文化贸易协议和合作协议，为文化产品和服务的跨境流通提供了便利与保护。同时，政府通过制定相关政策和提供财政支持，为文化贸易的发展创造良好的环境和条件。

综上所述，当前文化贸易发展的机会主要包括全球化和数字化的进程、对文化多样性的重视、旅游业的发展以及国际合作和政策支持。通过利用这些机遇，全国各地区都可以进一步推动文化贸易的繁荣发展，促进文化产业的创新和增长。

第六章　广东文化贸易竞争力实证分析

第一节　使用 SWOT 分析法分析广东文化贸易竞争力

一、SWOT 分析法

态势分析法（SWOT 分析法）是一种常用的方法，用于对研究对象的内部优势、劣势以及外部机会和威胁等因素进行全面、系统、准确地研究。该方法通过调查和列举各种与研究对象密切相关的因素，并按矩阵形式排列，然后运用系统分析的思想将这些因素相互匹配起来进行分析，得出一系列具有决策性的结论。运用 SWOT 分析法可以制定相应的发展战略、计划和对策。在广东文化贸易竞争力分析中应用 SWOT 分析法，总体情况详见表 6–1。

表 6–1　广东文化贸易竞争力 SWOT 分析

优势（Strength）	劣势（Weakness）	机会（Opportunity）	威胁（Threat）
①国内市场规模大，有良好的区位优势 ②文化产业发展受港澳文化经济影响比较深 ③市场化程度比较高 ④文化贸易在国内领先，已具备一定的产业基础	①存在文化折扣，主要是产业内贸易 ②外销市场过于集中，主要出口地区是中国香港、中国台湾、东南亚、美国等 ③地区发展不平衡，资源主要集中在广、深等珠三角地区，粤东、粤西、粤北发展落后 ④产业主体“小、弱、散”，集约化程度不高 ⑤人才数量不足、质量不高	①强有力的政策支持 ②全球兴起华文与汉文化学习热潮 ③电子商务等网络新兴模式的流行为文化贸易带来新的渠道与模式	①发达国家文化贸易的先发优势 ②亚太地区盗版、侵权与抄袭等问题严重 ③世界各国将文化产业与贸易列为国家战略，竞争激烈 ④人才的威胁：广东缺乏综合性的高级文化贸易经营管理人才

二、广东文化贸易发展的优势（S）分析

1. 良好的经济贸易基础

文化产业前期投入比较大且具有高风险，这样的特点就决定了它对经济有较高的依赖性。一直以来，广东经济都保持着较快的发展速度，2022 年全省生产总值为 129 118.58 亿元，同比增长 1.9%。截至 2022 年年底，该省实有民营企业（含个体工商户）为 1 571 万户，居中国首位，较 2021 年年底增长 7%。广东全年货物进出口总额为 83 102.9 亿元，比上年增长 0.5%，其中出口额为 53 323.4 亿元，增长 5.5%；进口额为 297 79.5 亿元，下降 7.4%，进出口差额（出口减进口）为 23 543.9 亿元，比上年增加 5 174.5 亿元。其中，对“一带一路”共建国家（地区）的进出口额为 22 519.7 亿元，增长 10.3%。广东省社会科学院与社会科学文献出版社联合发布的《广东蓝皮书：广东经济社会形势分析与预测（2023）》中指出，综合分析，广东经济运行将总体回升，预计 2023 年地区生产总值同比增长 5.2% 左右，达到 14 万亿元左右。经济贸易的优势为广东文化产业的发展奠定了坚实的经济基础。

2. 深厚的文化底蕴支撑

广东作为岭南文化中心地、海上丝绸之路发源地、中国民主革命策源地和改革开放先行地，以其丰富的文化资源为高质量发展提供强大的价值引导力、文化凝聚力、精神推动力。广东省省会广州已有 2 200 多年的建城历史，在汉唐时期它作为海上“丝绸之路”的始发港就已经声名在外，也是中国最早对外开放的通商口岸。广东位居岭南，即中国南方五岭之南的地区，南岭山脉天然的屏障阻碍了岭南地区与中原的交通与经济联系，因此形成了独特的岭南文化，包括岭南画派、岭南建筑、岭南园林、岭南盆景，广东音乐，粤剧、粤菜、粤语，以及城市景观、生活习俗等，都体现了岭南文化的风格。岭南文化中的包容性特点使得广东在历史的各个不同时期吸取其他民族文化的特点，形成独一无二的地区文化，这是文化贸易中非常重要的战略资源，成为广东文化创新、文化贸易的源泉。

3. 文化产业发展迅速

文化贸易的发展与文化产业的发展密切相关，文化产业的快速发展将推动文化贸易的迅速增长。广东文化事业正处于大繁荣、大发展和大进步的阶段。目前，全省规模以上的文化企业数量接近万家，比起“十三五”初期增加了 50%。截至 2022 年年底，广东已建成了 300 多个文化产业园区基地，设立了 8 个国家级文化和科技融合示范基地以及 3 个国家级对外文化贸易基地，同时也涌现了一批引领潮流的标杆企业和

园区。随着广东现代文化产业体系和市场体系的进一步完善，文化及相关产业增加值已占全省生产总值比例的5.59%，占全国总量的13.8%，连续18年居全国首位。广东多年来一直在文化产业领域名列前茅，以实际成绩彰显其作为文化大省、文化强省的地位。

4. 区位优势

广东是粤港澳大湾区的重要组成部分，其拥有庞大的人口规模和较高的生活水平，形成了巨大的市场需求和消费能力。广东凭借其“南大门”的优势，充分发挥“口岸”“通道”“窗口”的功能，既可以加强和发展与内地的联系，也可以开拓对外的经济文化交往和贸易事业。广东海域面积比陆地面积大得多，对发展海洋事业和海洋经济非常有利。粤港澳大湾区内拥有世界最快的高铁网和航空网络，可快速连接各大城市和地区，并提供便利的跨境运输，更好地连接和服务全球市场。广东独特的区位为文化贸易的发展带来了必然的优势。

5. 与其他产业整合的潜力巨大

世界经济发展经验表明，比较优势并非发展的决定性或首要因素，规模优势的形成才是发展的决定性因素，该规模优势是通过整合、统筹和兼顾而形成的。对于广东在文化产业和文化贸易发展中的地区性优势，我们必须从整体的角度来认识和考虑，不能孤立地看待广东的文化资源、人才资源以及全国文化中心的地位。我们应强调这些因素之间的相互依存、相互影响和相互作用，并进行整合，其整合的范围不仅包括同一行业内不同企事业单位之间的整合，也包括不同行业之间的整合；不仅包括文化产业领域内不同行业之间的整合，也包括文化产业与其他相关产业领域之间的交流和相互促进。需要注意的是，我们尚未充分重视不同行业之间整合的重要性。

广东文化贸易在经济发展和文化建设格局中并非孤立存在，其发展的速度、规模和效益不仅取决于自身因素，还受到高新技术、城市基础设施建设、交通运输、环境治理、电子信息等产业的制约。广东珠江三角洲地区的其他城市集中发展创意设计、印刷复制、动漫游戏、工艺美术等区域优势产业。整个广东文化产业体系健全、链条完整，初步形成以珠三角为龙头，粤东、粤西、粤北地区优势互补、错位发展的发展格局，为广东文化贸易的发展奠定了良好的基础。

此外，广东作为祖国的南大门和改革开放的前沿阵地，与中国香港、中国澳门等地相邻，具备强烈的改革创新意识和市场化观念，具备与国际先进文化贸易发展理念对接的能力，并且可以通过中国香港、中国澳门更便捷地获取其他国家的资源。

三、广东文化贸易发展的劣势（W）分析

1. 高端综合性专业人才的匮乏

广东文化贸易人才的资源现状存在着人才规模不足、层次不高、结构失衡和培养滞后等缺陷。知晓文化艺术、懂得经营管理、精通文化贸易业务、熟悉 WTO 规则、能熟练应用外语及擅长跨文化沟通，是文化贸易人才必须具备的素质。目前广东文化工作者不仅普遍缺乏对国际市场和国际贸易规则的了解，也极少参加国际上各种贸易洽谈和商品展销，对国际市场需求了解不深，无法找准市场定位，难以明确业务方向并制定相应的海外营销策略，从而失去了许多良好商机。国内极少有高校设立与文化贸易有关的专业，导致国际文化贸易人才严重匮乏，这些都制约了广东文化产品和服务的出口。

2. 文化贸易产品结构呈现“硬强软弱”的特点

文化贸易的产品结构呈现出“硬强软弱”的特点，其中附加值较低。所谓“硬”指的是硬件货物贸易，主要包括游戏、文教娱乐和体育器材设备等；“软”指的是文化服务贸易，主要包括电影、广播电视作品、出版物、视听产品、表演艺术、多媒体内容和娱乐等。硬件货物贸易处于产业分工链的低端，附加值较低；相反，软件贸易即文化服务贸易处于产业分工链的高端，附加值较高。然而，广东国际文化贸易的软肋在于软件贸易，这一领域主要以引进为主，出口较少，即使有出口，大多数是传统文化产品，主要是介绍中国传统文化，包括中医药、美食和语言的图书与视听产品。那些具有高知识和技术含量的强势文化服务产品，如高科技电影、网络视听和动漫游戏等，仍处于相对幼稚的发展阶段。

3. 贸易主体实力不强，规模偏小，核心竞争力有待提升

目前广东文化发展产业化程度较低，缺乏具有核心竞争力的大型跨国公司。目前中国没有一家文化企业在世界 500 强企业中占据一席之地，更别说广东的文化企业。在文化贸易领域最强的是美国，其拥有大批具有国际影响力的跨国公司，如迪士尼、索尼、米高梅、华纳兄弟等。当前广东国有文化公司在部分传统领域的优势地位不再明显，在新兴领域的引领能力不强，而非公有文化公司的规模较小、盈利能力相对较弱，虽然其在新兴文化领域比较活跃，但因资金、技术、品牌、营销等方面的限制，以及在抵御风险方面的能力不足等因素，难以与国外成熟的同行进行竞争。以影视传媒业为例，美国有以时代华纳、迪士尼为代表的 25 家跨国影视传媒企业，其中 6 家企业的销售额在 15 亿美元以上，业务范围也相当广泛。而广东的影视行业规模较小，目

前仅有珠江电影集团等少数几个传媒集团具有一定影响力，且还没有形成跨媒体、跨地区、跨行业的大型传媒集团。这些都极其不利于广东文化贸易的整体发展。

4. 贸易地理范围过分集中，目前市场不够广阔

目前广东文化产品的贸易地理范围过分集中，市场不够广阔。广东的文化产品出口主要集中在中国香港、中国澳门、中国台湾，以及日本、韩国、泰国、新加坡等亚洲国家和地区，存在出口对象过于集中的问题。同时，广东文化产品的出口渠道相对狭窄，而进口渠道较为畅通。这种出口渠道的狭窄导致文化产品在国内滞留，难以被外界了解，即使具备优秀且市场潜力巨大的文化产品，也难以走出国门。例如，广东原创动画系列片《喜羊羊与灰太狼》在国内获得了很多荣誉，但在出口过程中却面临许多质疑和阻力。

5. 文化管理体制改革相对滞后，行政部门协调难

广东文化产品和服务在“走出去”贸易开展过程中，有关部门的统筹、协调和指导力度不够。传统的计划经济模式、条块分割的文化管理体制及计划经济下的文化管理理念，仍阻碍着广东文化贸易的发展。文化产品和服务出口广泛涉及宣传、发展改革、文化、经济、科技、教育、农业、海关、外汇管理、统计等众多部门，各相关部门之间经常性紧密协调机制尚未建立，整体合力尚未形成。例如，广东文化贸易数据资料收集体系不完善，不能为文化贸易的研究提供数据支持，落后于北京、上海的发展进程。广东省政府缺乏鼓励和支持文化企业开展国际贸易，以及文化产品和服务出口的宏观、微观政策体系，有关文化贸易出口保险、知识产权保护等方面的政策法规尚未配套。文化输出审批和外汇审批制度仍延续传统计划经济体制的管理办法，不仅手续烦琐、周期过长，而且透明度和可预见性差，不利于文化产品和服务走向世界，在经济上也缺乏合适的优惠政策，如缺乏对文化贸易出口方面的税收优惠、外汇优惠、版税优惠和收益分配优惠等政策。

6. 文化贸易发展资金短缺

资金短缺是影响文化产品走向国际市场的一个重要因素。从开发、包装到出口的整个过程都需要大量的资本投入。即使我们拥有独特的文化资源，如果没有强大的资金支持，很难使这些文化产品走向国际市场。近年来，广东的许多文化企业面临着推广宣传费用高昂、综合运营成本过高和资金筹措困难等问题。例如，如果要将输出到国外的许多影视作品更好地占领国际市场，就需要将这些作品翻译成外语。但是，翻译成外语需要巨大的投入，尤其是作品要进入欧美发达国家，需要翻译成英文或其他

国家的语言，这需要大量的人力和物力投入，成本相当高，而仅依靠企业自身的力量往往难以实现。另外，广州市杂技艺术剧院有限责任公司在出国演出时，需要携带大量道具，这涉及运费问题。当演员前往国外演出时，住宿费、交通费等开支相对较高，为了节约成本，演员往往需要扮演多个角色，这也对市场开拓产生了影响。

四、广东文化贸易发展的机会（O）分析

1. 文化贸易内在优势

文化贸易的高附加值、符合低碳经济发展标准等特点使其成为发展的重点。因为文化产业具有高附加值、高回报的特点，所以当前各国都十分重视文化产品的出口，并因此为本国带来巨额经济效益。继可持续发展口号的提出，绿色经济和低碳经济不断出现在我们的日常生活中，人们的消费观念不断出现绿色消费，所以在发展经济的时候，较之传统产业，文化贸易所依赖的不是海洋矿产、森林等自然资源，而是创意观念和文化传统等。文化经济的发展是在很少甚至不损害自然资源的情况下，带来巨大的经济回报。因此，发展文化贸易顺应了时代的发展和消费者理念的改变，对广东的经济转型升级尤为重要。

2. 政策对文化贸易发展的大力支持

目前政府对文化贸易发展的重视程度胜于以往，从中央到地方，都已出台相关支持文化产业及文化贸易的政策措施。党的二十大报告在“推进文化自信自强，铸就社会主义文化新辉煌”篇章特别指出：“实施重大文化产业项目带动战略”。广东省文化和旅游厅在《“十四五”文化和旅游发展规划》《广东省国民经济和社会发展第十四个五年规划和2035年远景目标纲要》《广东省文化发展改革“十四五”规划》的基础上，又发布了《广东省文化和旅游发展“十四五”规划》（以下简称《规划》）。根据《规划》，到2025年，广东更高水平的文化和旅游强省建设取得重大进展，文化事业更加繁荣兴盛，文化和旅游产业发展质量显著提升，人民精神文化生活日益丰富；到2035年，广东建成更高水平的文化和旅游强省，文化和旅游业为实现人的全面发展、满足人民美好生活需要提供坚强有力的保障。广东建设更高质量的“文化强省”，意味着全省要求文化发展既要注重数量和规模，更要注重质量和结构；既要注重文化生产力，更要注重文化创新力，这与文化创意产业的发展是一致的。广东省政府在发展文化贸易方面，努力练习“内功”，也出台了多项发展文化贸易的政策规定，支持文化贸易的发展。

3. 文化交流平台的不断创新

文博会以“文化”为核心主题，以“推动文化交流、共谋合作发展”为宗旨，开展高层次、多主体的人文交流、文明互鉴、文化欣赏、互利合作活动，成为国家文化交流合作的新途径。广东目前有很多国际性展会，如中国（深圳）国际文化产业博览交易会，中国国际漫画节（广州），以及（广州）民宿文化产业博览会暨乡村旅游装备展、广州国际民宿文化产业博览会等国际性展会的举办，为国内文化企业对外交流和发展提供了良好机会并促成了商机，将广东的文化产业推上了国际舞台，成为推动广东文化产业“走出去”并“走进去”的重要平台。

五、广东文化贸易发展的威胁（T）分析

1. 其他省市文化贸易发展迅速带来的威胁

随着经济社会的发展，越来越多的省市认识到文化产业的重要性，并通过制定战略规划、政策措施来发展文化产业及文化贸易。例如，北京、上海、浙江等都制定了明确的文化产业发展规划，云南文化产业发展思路已形成独特的“云南模式”，近年来“文化湘军”也异军突起。这些地区的文化产业迅猛发展，形成产业集聚效应，吸引大量的文化企业到这些地区创业和发展，在一定程度上分流了广东文化贸易发展的资金及人才资源。

2. 发达国家文化集团所带来的冲击

虽然广东文化贸易近年来取得了一定的发展，但在文化经济总量和产业结构上尚处于相对较弱的起步阶段。与发达国家的文化集团相比，广东文化企业的产品质量、技术水平及商业化运作程度与国外同行相差较大，随着市场的竞争日趋激烈，广东文化贸易中那些成本高、技术水平低和管理落后的企业必将面临更加严峻的挑战。

3. 复杂的文化国际贸易规则

当前文化贸易面临着复杂而强劲的国际贸易规则。随着新技术和新媒体的发展，与文化相关商品和服务的界限变得越来越模糊，贸易模式也发生了重大变化。这导致各国对于 WTO 相关条款适用性的理解存在差异和质疑，引发更多复杂的贸易争端。从长期发展的趋势来看，服务贸易和文化贸易在国际贸易总额中的比重将继续增加。发达国家，特别是以美国为首的一些国家，凭借其强大的服务和文化经济实力，将通过 WTO 和服务贸易谈判，制定更高的服务贸易标准，设立新的技术壁垒，削弱其他国家对“文化例外”的援引，以最大限度地实现自身的利益诉求。这种情况只会加剧

贸易摩擦和贸易保护主义，并对实力较弱的国家，尤其是正在发展中的国家造成极大的限制和损害。广东文化贸易产品参与国际竞争时，面临着复杂的文化贸易规则，这对出口企业来说是一个巨大的挑战。

综合广东文化贸易发展的SWOT分析，我们可以看出，尽管广东文化产业和文化贸易面临挑战，但更多的是发展机遇。总体而言，优势仍然是主要的。广东应该在充分利用优势的基础上，改进自身的不足，抓住当前的机遇，加快发展，从而使广东文化产业和文化贸易迈上新的台阶。

第二节　广东文化贸易竞争力来源分析的钻石模型构建

分析形成广东文化贸易竞争力的原因以及预测未来竞争的趋势需要利用波特的"钻石模型"。波特认为，一个国家的竞争优势由生产要素、需求条件、相关与支持性产业、企业战略、结构和竞争六个关键因素，加上政府和机会两个辅助因素决定。本研究利用波特的"钻石模型"，提出基于文化贸易的"钻石模型"，分析广东文化贸易竞争力来源。

一、生产要素分析

生产要素是指一个国家在特定产业竞争中有关生产方面的表现，包括自然资源、基础资源、资本资源、人力资源等（表6–2）。

表6–2　广东文化贸易竞争力的生产要素指标分析

生产要素	具体指标	数值
文化自然资源	世界文化和自然遗产 / 处	2
文化基础资源	文化艺术、文物事业机构数 / 家	3 783
	文化企业数量 / 万家	>66
文化资本资源	专利累计有效量 / 件	6 521
文化人力资源	文化产业从业人数 / 万人	>300
	占总就业人数比例 / %	0.41

数据来源：根据广东省新闻出版广电局官网，《广东统计年鉴2022》。

在文化自然资源方面，广东拥有悠久的文化历史，自然文化资源非常丰富。截至目前，广东有2处世界文化和自然遗产。文化基础资源由文化事业机构数与从事文化、体育、娱乐业的法人单位数合并分析，其中文化事业机构数由电影院、公共图书馆、博物馆、纪念馆、广播电台、电视台等统计指标构成。广东文化产业的投资额相较于国内其他地区，属于较高的投入。虽然广东的文化产业从业人员总数较多，但是因为人口基数大，就业人员占总就业人口的比例较低。

二、需求条件分析

需求条件是指国内外对该产业的需求情况，国内外市场需求在刺激和提高国家竞争优势上具有积极的作用（表 6–3）。

表 6–3　广东需求要素指标分析

需求条件	具体指标	数值
国内市场的需求规模	生产总值 / 亿美元	19 000
	生产总值增长率 / %	1.90
	人均生产总值 / 美元	15 151
	人均生产总值增长率 / %	1.70
居民的消费能力	人均可支配收入 / 美元	6 997
	人均消费支出 / 美元	4 783
人类发展指数	由预期寿命指数、教育指数和人均 GDP 指数三个分项指数构成（2020 年）	0.805
人口数量	常住人口 / 万人	12 656.8
国际市场需求规模	文化产品和服务出口 / 亿美元	566
	占全国贸易进出口额比例 / %	1.30

数据来源：《2022 年广东省国民经济和社会发展统计公报》《2020 中国人类发展报告》。

广东需求要素指标分析：一方面，从国内市场需求规模和居民消费能力指标以及人类发展指数来看，广东接近新兴发展国家的水平，且广东人口规模大，《广东统计年鉴 2022》显示，广东已经至少连续 40 年出生人口均超过 100 万大关，意味着市场需求潜力巨大，但因为人均经济总量偏少，居民人均可支配收入较低，因此综合而言，广东的文化消费支付能力相对其他发达国家而言是偏低的；另一方面，国际市场需求规模这一指标并不能完全反映文化贸易出口的实际情况，但是核心文化贸易出口额和占本地贸易出口额比例两个指标反映出广东国际市场份额较少，对国际市场的占领程度弱。

三、相关与支持性产业分析

相关与支持性产业和文化产业形成关联行业集群，从而有助于文化产业处于国际竞争的有利地位。文化贸易的发展需要一系列外围及辅助产业的支撑，但文化产业的产业关联性十分广泛。从文化产品角度来看，由于其较广的产业涉及面使得很难明确界定与之相关联的产业，如广东的各主要产品从原材料供给到加工组装都具备了一定的规模优势和产业集聚优势，这就为文化贸易的制造创造了有利的条件。此外，旅游业和会展业的迅速发展也为工艺品、设计产品等出口提供了支持（表 6–4 至表 6–6）。

表 6–4 广东相关与支持性产业指标分析（1）

相关产业和支持产业	值
广东文化产业增加值 / 亿元（2022 年）	6 910
广东文化企业数 / 万家（2022 年）	>66
广东国际旅游外汇收入 / 亿美元（2020 年）	23.48
全球展览业协会（The Global Association of the Exhibition Industry, UFI）认证的展会数 / 场	25

数据来源：广东统计信息网，《广东统计年鉴 2022》。

表 6–5 广东相关与支持性产业指标分析（2）

地区	IP 地址量 / 个	网民规模 / 亿人
广东	31 885 056	5.5

数据来源：中国互联网络信息中心（CNNIC）、IDC 数据统计。

表 6–6 广东省域名数（全国第 2）

省份	域名	
	数量 / 个	占域名总数比例 / %
广东	5 438 449	15.80

数据来源：2023 年《中国互联网络发展状况统计报告》。

文化贸易的发展理应在国内有强势文化产业的支撑，广东在文化产业产值及文化企业家数上均占据优势，产业规模优势显著，而且广东会展产业实力强劲，数据显示，2021 年广东省展览会数量达 640 场，占比为 11.64%，全国第二。从各省市展览总面积来看，2021 年广东省展览面积为 1 539.63 万平方米，占比最高，达 16.76%，居全国第一位，同时根据 UFI 调查，广东拥有 25 项 UFI 认证展会。广东 IPv4 地址量占比为 9.54%，在国内处于第二名，网民规模巨大，以 5.5 亿的网民数位列全国第一，国内市场潜力较大。

《中国互联网发展报告 2022》还发布了 2022 年中国互联网发展指数综合排名，其中广东、北京、江苏、浙江、上海、山东、天津、四川、福建、湖北 10 个省市的互联网发展水平位居全国前列，广东位居首位。

四、企业战略、结构和竞争

国内的竞争环境造就了公司在国际上的竞争能力。文化企业是进行文化贸易的主体，文化企业积极参与竞争，增强实力，使得文化贸易的竞争力也增强了。企业想增强实力，其组织管理方式、经营战略等尤为重要（表 6–7）。

表 6–7　广东文化企业战略、结构和竞争指标分析

企业战略、结构和竞争	具体指标	值
规模以上文化制造企业	家数 / 家	4 267
	营业收入 / 万亿元	1.04
	以上两项占全国比例	约 20%
企业发展战略	以行业发展目标定位	到 2025 年，广东数字创意产业营业收入将突破 6 000 亿元

资料来源：广东信息统计网。

企业战略、结构和竞争的具体构成不适合量化，因此选择了规模以上文化企业和企业发展战略进行分析。其中规模以上文化企业是指内地企业主营收入达 2 000 万标准的企业。规模以上文化企业的技术水平较高，市场份额大，直接支撑和引领所在行业的发展，发挥着领军作用。广东的规模以上文化制造企业数在全国约占 20%，但创造的增加值占全部产业增加值的比例超过 2/3，显示出广东在文化企业规模上的优势，广东在文化贸易发展的规划方面提出了宏伟的蓝图，使文化产业的企业发展显示出蓬勃发展之势。

五、政府与机会

政府与机会一直被视为外生变量。机会是可遇而不可求的，目前是全球文化贸易发展的机会期，文化贸易面临着良好的发展机遇，联合国贸易和发展会议《2022 年创意经济展望报告》显示，中国、美国分别是最大的创意产品出口国、创意服务出口国。文化和创意产业为世界经济做出了重大贡献。根据联合国贸易发展会议的估计，2020 年全球文化产业对全球 GDP 的贡献约为 3.1%，创意产品和服务分别占商品与服务出口总额的 3% 和 21%。创意经济促进社会包容、文化多样性和人类发展。这些因素使创意产业成为实现 2030 年议程的关键行业。

政府作为主要的经济制度制定者，对文化产业与贸易的影响非常显著，从产业贸易发展选择、管理、监督到评估，政府都发挥着无可替代的作用，尤其是文化与国家意识、民族关系等密切相关。

第三节 广东文化贸易的潜力测算

一、广东文化贸易的国际竞争力表现

1.RCA 指数

RCA 指数，即显示性比较优势指数（Revealed Comparative Advantage Index），是由美国经济学家贝拉·巴拉萨（Balassa）于 1965 年提出的一种方法，用于测算国际贸易中特定产业的比较优势。该指数反映了一个国家或地区在某一产业的出口中所占份额与世界贸易中该产业所占总额的比例关系。通过消除国家总量波动和世界总量波动的影响，该指数可以较准确地评估一个国家或地区某一产业出口的相对优势，与世界平均出口水平进行比较，具体计算公式如下：

$$RCA_{ij}=(X_{ij}/X_{tj})\div(X_{iW}/X_{tW})$$

其中，X_{ij} 表示国家或地区 j 出口产品 i 的出口值，X_{tj} 表示国家或地区 j 的总出口值；X_{iW} 表示世界出口产品 i 的出口值，X_{tW} 表示世界总出口值。

一般认为，一个国家 RCA 指数大于 2.5，则表明该国或地区该产业具有极强的国际竞争力；RCA 为 1.25 ～ 2.5，表明该国或地区该产业具有很强的国际竞争力；RCA 为 0.8 ～ 1.25，表明该国或地区该产业具有较强的国际竞争力；RCA 小于 0.8，表明该国或地区该产业的国际竞争力较弱。

2. 广东与主要贸易国的文化商品 RCA 指数分析

根据表 6–8 中的数据分析，可以看出广东文化商品出口在国际竞争中表现出极强的竞争力。英国和美国在国际竞争中具有强大的实力，而日本和韩国的文化商品国际竞争力相对较弱。此外，通过对时间序列进行比较分析，可以发现广东文化商品竞争力略有下降，韩国文化商品竞争力呈下降趋势，而日本、英国和美国文化商品竞争力在过去 10 年中相对稳定。然而，需要指出的是，本研究只利用 RCA 指数来衡量 5 个国家和地区的文化商品出口竞争力，这只能反映广东在文化“硬实力”方面的竞争力。由于缺乏全球文化服务贸易数据，无法全面反映各国和地区在文化贸易方面的国际竞争力，因此有必要进一步验证各国和地区整体的文化贸易竞争情况。

表 6-8　文化商品 RCA 指数

年份 / 年	广东与主要贸易国				
	广东	日本	韩国	英国	美国
2010	3.27	0.30	0.64	1.56	0.81
2011	2.94	0.23	0.67	1.60	0.82
2012	2.72	0.24	0.51	1.66	0.86
2013	2.61	0.32	0.46	1.69	0.92
2014	2.50	0.28	0.44	1.57	0.99
2015	2.25	0.34	0.36	1.87	1.07
2017	2.28	0.35	0.40	1.72	1.07
2018	2.24	0.32	0.35	1.59	1.03
2019	2.43	0.31	0.35	1.74	0.92
2020	2.78	0.36	0.38	1.50	0.93

二、利用贸易结合度指数测算

1. 贸易结合度指数

贸易结合度指数，又称贸易强度指数（Trade Intensity Index，TII），首先由经济学家阿瑟·约瑟夫·布朗（Arthur Joseph Brown，1947）提出，后经过小岛清（1958）等学者不断完善，现在已经成为研究国家之间贸易关系的重要指标。该指数用公式可表述如下：

$$TII_{ab}=(X_{ab}/X_a)/(M_b/M_w)$$

式中：X_{ab} 为 a 国（地区）对 b 国（地区）的出口额；X_a 代表 a 国（地区）的出口总额；X_{ab}/X_a 表示 a 国（地区）对 b 国（地区）的出口额占 a 国（地区）出口总额的比率；M_b 为 b 国（地区）的进口总额；M_w 为世界进口总额；M_b/M_w 表示 b 国（地区）的进口总额占世界进口总额的比率。贸易结合度指数要表明的是，与 b 国（地区）的进口额占世界进口总额的比率[实际代表 b 国（地区）的进口能力]相比，a 国（地区）对 b 国（地区）的出口额占 a 国（地区）出口总额的比率究竟多大。

如果 $TII_{ab}>1$，说明 a 国（地区）对 b 国（地区）的出口要高于世界平均水平，即两国在贸易上存在着密切关系，因此在贸易上具有更强的互补性；如果 $TII_{ab}<1$，则说明 a 国（地区）和 b 国（地区）在贸易上关系较为疏远，因此二者主要表现为一种竞

争关系。

2. 广东与主要贸易国（地区）的贸易结合度指数分析

对表 6–9 中的广东与文化商品贸易排名前十的国家和地区的贸易结合度指数进行分析，可以得出以下结论：与广东贸易结合度指数大于 1 的美国、中国香港、日本、俄罗斯和荷兰五个国家和地区之间存在密切的贸易关系，表明在贸易上具有较强的互补性，未来与这些国家和地区的贸易潜力较大。虽然德国、英国、法国、意大利和加拿大与广东的贸易额相对较大，但在贸易关系上较为疏远，主要表现为一种竞争关系。这主要是因为德国、英国、法国、意大利四国地处欧洲，而加拿大属于北美自由贸易区，区域不同弱化了它们与广东的贸易联系。因此，在开展文化贸易时，不能单纯地考虑贸易额指标，而应根据多个指标来判断贸易的方向。

表 6–9 广东与主要国家和地区的贸易结合度指数

年份 / 年	国家和地区									
	美国	中国香港	日本	德国	英国	俄罗斯	荷兰	法国	意大利	加拿大
2011	1.07	1.87	1.62	0.52	0.42	3.79	1.66	0.32	0.02	0.15
2012	1.18	1.94	1.54	0.55	0.47	5.82	1.68	0.31	0.02	0.17
2013	1.19	2.16	1.50	0.61	0.42	8.16	0.95	0.31	0.02	0.46
2014	1.15	2.14	1.34	0.67	0.46	9.10	1.52	0.34	0.01	0.20
2015	1.18	2.13	1.31	0.82	0.52	3.41	1.50	0.34	0.04	0.23
2016	1.26	1.94	1.41	0.66	0.50	2.38	1.30	0.36	0.06	0.30
2017	1.36	1.65	1.57	0.75	0.59	2.05	1.05	0.35	0.10	0.53
2018	1.42	1.29	1.62	0.71	0.65	1.87	1.38	0.39	0.10	0.34
2019	1.33	1.60	1.40	0.82	0.65	1.87	1.09	0.44	0.14	0.54
2020	1.37	2.15	1.40	0.86	0.66	1.73	1.11	0.44	0.16	0.56

从时间上来看，美国、日本、中国香港与广东的贸易结合度指数一直保持相对稳定的状态，预示着未来这些国家和地区与广东的文化商品贸易发展将保持稳定，而荷兰与广东的贸易结合度指数略有下降趋势，未来应加强两地之间的文化商品贸易联系。俄罗斯与广东的贸易结合度指数明显下降，从 2014 年的 9.10 下降到 2020 年的 1.73，表明两地贸易关系松懈。而其他与广东存在贸易竞争关系的 5 个国家，与广东的贸易结合度指数呈上升趋势，未来应继续挖掘与德国、英国、法国、意大利和加拿大的贸易潜力。

第七章　发达国家文化贸易发展经验借鉴

普拉特（Pratt，2009）指出，文化经济将成为后金融危机时代的重要经济增长点。为了占据全球经济发展的制高点，美国、韩国、日本等国纷纷将目光转向新兴产业，并提供前所未有的政策支持力度，加快全球产业结构调整的步伐。文化产业无疑是各国争相扶持发展的重要行业，也是未来国际竞争的关键领域。

全球文化产业最为发达的美国，取得了文化强势地位，其成功集合了政策、外交、商业、技术和资本等多种因素，值得进行全方位的分析和学习。日本经济长期低迷，但自 20 世纪 90 年代以来，日本确立了“文化立国”战略，并加快制定相关法律法规，近年来日本文化创意产业取得了显著成果。韩国在亚洲金融风暴后重新认识到文化产业的重要性，并将其作为国家经济发展的战略支柱产业，也取得了卓越成绩。

相比美国、日本和韩国，广东的文化创意产业虽然起步较晚，规模较小，但凭借后发优势和传统资源禀赋的优势，具有巨大的发展潜力。其可以从这些国家的文化贸易发展经验中获得可借鉴的模式，以推动广东文化贸易的发展。

第一节　美国文化产业出口经验

一、美国文化产业和文化出口概况

美国是文化产业和文化贸易的重要国家。根据数据统计，美国的文化产业年产值占国内 GDP 的 1/4，是其国民经济的支柱产业。美国拥有众多知名的电视媒体，如哥伦比亚广播公司（Columbia Broadcasting System，CBS）、美国有线电视新闻网（Cable News Network，CNN）、美国广播公司（American Broadcasting Company，Inc.，ABC）。美国掌控着全球 75% 的电视节目生产和制作，而在美国国内的电视节目中，外国节目只占总时间的 1.2%。尽管美国的电影产量不到全球总量的 10%，但其电影的放映时间却占据全球电影放映时间的一半以上。长期以来，美国消费类文化视听产品的出口额始终位居前列，与航空业、食品业等行业的出口额齐名。自冷战结束以来，以视听产品为代表的美国文化产品的出口在营业收入、覆盖地域和实际影响力等方面都堪称世界第一。

二、美国文化产业出口的特点和成功经验

多年来，美国一直是世界文化产业的巨头，在文化产品输出领域具备明显优势，并积累了宝贵的国际化经验。美国文化产业出口以其强大的经济基础和科技实力为后盾，并得到了政府的大力扶持、市场的自我约束和企业的积极创新等支持，从而在国际上取得了绝对的优势地位。

1. 市场环境和行业协会的作用

市场环境和行业协会在促进文化产业发展方面发挥着重要作用。美国拥有高度发达的市场经济体系，结合文化积淀不深和历史负担较轻的优势，使得文化发展一开始就走上了产业化和商业化的道路。尽管美国没有设立专门的文化部门直接管理文化事务，但对于文化产业发展和文化产品输出，美国政府高度重视，并将其视为国家战略。美国主要通过立法、税收和相关政策的制定来规范与完善文化产业的发展，并促进文化产品的出口。例如，早在 1918 年，美国就通过了《韦布—波密伦出口贸易法》，允许国内公司在开拓国际市场时进行联合合作，共同协调价格和国外市场份额的划分。这种合作为好莱坞电影公司进军国际市场提供了积极支持。此外，美国已基本建立起一套完善的知识产权法律体系，包括《专利法》《商标法》《版权法》和《反不正当竞争法》。在税收政策方面，美国政府对出版物不征收商品销售税，并对出口图书免征增值税和营业税（先征后退）。美国政府坚持以市场为导向，在遵循文化产业自身发展规律的基础上，为文化产业主体提供放宽优惠的扶持政策，鼓励多元的资金来源和非文化企业、境外资金的投入。此外，美国还鼓励多方面的投资，包括来自联邦政府、州政府和市政府的资助，以及来自公司、基金会和个人的社会资金捐助。

另外，在文化产业高度自治的背景下，行业协会的自律作用和非营利机构的市场净化作用变得十分重要。为了限制色情和暴力产品的传播，美国电影协会根据影片内容对不同年龄观众群的适宜度进行了分级。这种分级制度在选择性地出口美国电影时具有重要的参考价值。此外，为了避免媒体在经营管理过程中虚报和谎报发行量，美国设立了两个非营利机构——美国发行量认证署和国际媒体认证公司，每年发布权威

的认证报告，为广告商和社会提供及时、准确的杂志发行量数据和读者数量等信息，规范了广告市场的发展。除此之外，美国行业协会还承担了维权、服务、沟通和培养人才等重要职责。

2. 文化企业的发展特点和成功经验

美国文化企业之所以强大，一方面是因为美国作为世界经济中心具有向心引力，吸引了各项资源；另一方面是与美国文化企业的全球化视野和开放战略密切相关。

首先，在资本运作方面，美国文化企业通过国际资本的持续大量投入和国际金融创新，确保了好莱坞“高投入＋高成本”运营模式的可持续性。虽然一部《泰坦尼克号》电影的投资达到上亿美元，但其全球票房收入高达 18 亿美元。电影行业的高回报率进一步增强了全球投资者对美国文化产业的信心，据称每年约有上百亿美元的资金在纽约的文化市场流通。

其次，在人力资源的运用方面，美国企业采取了“拿来主义”策略。各类艺术型和技术型人才从世界各地聚集到美国，为美国文化产业贡献了多元化的民族特色，并确保了文化产品在艺术和制作水平上的高水准。

最后，美国企业利用全球贸易分工体系，将生产环节中的低附加值部分，如录像制品的复制等，转移到低成本国家，同时将高附加值的设计和创意制作等核心环节留在本土，成功地保持了核心竞争力，并大幅降低了生产成本。

进入 20 世纪 90 年代，随着经济全球化的深入，各国文化产业壁垒不断被打破，企业兼并重组浪潮涌动，美国出现了一批超级跨国文化产业集团，引领全球文化产业的发展。文化产业已成为美国的支柱产业，占据了相当大比例的经济总量。1997—2001 年，美国文化产业的平均年增长率达到 7%，而其他产业仅为 3%。自 2002 年以来，美国文化产业的产值一直占到当年 GDP 的 20% 以上，迪士尼等文化产业集团早已跻身世界 500 强之列。当今，美国文化产业的竞争实力和整体实力无人能及，其在世界经济发展史上所创造的突出的业绩也是绝无仅有的。

3. 区域经济合作

美国充分利用北美自由贸易协定（North American Free Trade Agreement, NAFTA）区域集团的优势，使超过 50% 的出口额流向加拿大和墨西哥。在区域经济合作方面，美国采取了一系列策略，尤其是跨国公司首先进入地缘上相近或语言文化传统相近的外国市场。通过深入研究国外文化需求，将本土化元素与国际流行元素相结合，精准把握国际文化服务的需求趋势，实现了文化产品的国际化推广。

美国文化企业在区域经济合作中取得成功的关键在于准确把握市场需求并进行创新。美国文化企业充分研究目标国家和地区的文化需求，了解当地观众的喜好和消费习惯。这样的深入研究使得美国文化企业能够根据不同地域的特点，调整和定制它们的文化产品，使之更符合当地受众的口味和需求。

4. 美国对国际贸易环境干预政策

美国作为WTO的成员国，试图将文化产品与一般商品等同起来，主张文化产品的自由流通和自由贸易。在乌拉圭回合谈判中，美国政府努力将关贸总协定的范围扩大到服务领域，包括娱乐服务如电影和电视节目。经过激烈的斗争，虽然美国放弃了将所有规定强加于电影和视听产品服务的立场，但法国提出的“文化例外”并未正式获得法律地位，仅成为一种学说。此后，美国政府试图在《多边投资协议》中写入文化条款，以打破加拿大的文化保护壁垒。美国在与欧洲国家就视听产品的谈判中，充分利用国际贸易中的自由化和公平竞争规则，要求打破文化领域的贸易保护主义政策，全面开放欧洲文化市场。美国与欧盟进行过专门的谈判，重点讨论影视业的开放问题。针对发展中国家文化产品盗版问题，美国也以保护知识产权为由与其他国家进行谈判甚至对其施压，以确保其文化产品在这些国家市场的相关利益。在中国加入WTO的谈判中，美国政府坚决要求中国开放文化市场，取消文化产品进口配额，接纳美国各类影视作品，并要求中国政府进一步开放文化市场，允许外资企业在视听服务行业设立并从事制作和发行。

美国政府通过利用其强大的国际政治经济优势，对国际文化贸易环境进行干预，以维护其在国际文化市场上的强势地位。通过参与国际文化贸易规则的制定，美国积极推行文化贸易自由化的主张，推进其产业利益和国家文化输出战略的实现。

5. 美国人才创新体系

第二次世界大战后，凭借综合国力的优势，美国吸引了大批优秀的文化艺术人才，使其文化产业一直处于世界领先地位。这些优秀的人才之所以选择去美国，与美国政策的吸引力和国内良好的艺术氛围密不可分。美国对应用文化产业理论的研究和文化管理人才的培养非常重视，在美国，文化管理已成为一个专门的学科，全美有30所大学开设了文化管理学、艺术管理学等专业，并在该领域培养了许多高质量的本科生、硕士生和博士生。美国高回报的人才激励制度和开放的文化环境吸引着世界各国的优秀人才，为美国文化产业的发展做出了重要贡献。这种人才优势使相对缺乏历史文化资源的美国能够善于从其他民族和国家的传说与虚拟人物中汲取灵感，并通过创新和挖掘，赋予其文化产品更强的竞争力和更持久的生命力。

6. 科技投入

高附加值和大量科技投入是美国文化产品的显著特点。例如，美国百老汇的音乐剧通过增加科技含量，在场景美观、音响效果和艺术感染力方面无与伦比，给观众带来强烈的视觉冲击，并营造出身临其境的感觉。美国特别注重对网络的应用，主要的新闻传媒、报纸、杂志和广播电台都提供在线服务，仅网络广告的年收入就超过百亿美元，这些大众媒体成为美国文化输出的重要工具。在20世纪90年代，美国通过互联网在图书、唱片和软件等文化产品销售业务上取得了巨大成功，极大地推动了这些产品的全球销量。此外，美国利用数字化、数字电视、网络传输和通信卫星等高新技术作为桥梁，向世界传播其文化产品，加快了美国文化产品的传播速度。

7. 文化创意

美国文化具有实验性和创新精神，学者、科学家、思想家、作家和艺术家都追求新颖的形式和内容，不受传统模式的束缚，不考虑客观和世俗的观点和要求。例如，《侏罗纪公园》和《魔戒》等影片就融入了文化创意，不仅在感官上震撼观众，还传达了深层的文化内涵。美国虽然文化积淀相对薄弱，但将欧洲文明和全球各地优秀文化作为自身的文化源泉，并不断吸取养分，使其成为一股充满活力、自我调整和自我发展的文化力量。美国迪士尼公司以中国的花木兰为题材制作的动画片在全球获得巨额票房收入。美国音乐大胆吸收黑人音乐的元素，赋予其特色，在国际音乐市场上独占鳌头。美国好莱坞成功的经验包括引进大量的人才和资金，而流行音乐则依赖跨国公司的运作。不同国籍的演员在好莱坞展露才华，欧洲的电影制作人也纷纷参与美国影视业的发展。百老汇的音乐剧起源于欧洲，且一直保持繁荣，大部分剧目都是来自英国的“进口货”。此外，美国还有大量来自欧洲的移民，特别是西班牙和意大利的后裔，使得美国文化产品在西班牙和意大利市场具有稳固的地位。借鉴性、实验性、包容性和开放性的特质弥补了美国短暂历史文化资源的不足，使其成为文化资源利用和开发的典范。

8. 品牌效应

美国文化产业中的代表性行业包括影视业、表演业、音像业、媒体业以及艺术类的博物馆等。这些行业拥有世界知名且垄断地位的品牌，品牌效应使得美国的文化贸易占据全球霸主地位。品牌效应还使消费者对文化产品产生依赖性，而忠实消费者的增加又带来更多潜在消费者，进一步扩大了美国文化产品在全球市场的份额。

美国好莱坞几乎成为美国文化产业的代名词，凭借先进的技术和丰富的经验，每年制作的大片在全球赚取了可观的商业利润。影视业的品牌主要由美国的多家大公司包揽，如迪士尼、索尼、米高梅、派拉蒙、20 世纪福克斯、环球和华纳兄弟。美国的媒体业同样拥有世界知名的品牌，如《纽约时报》《华尔街日报》《今日美国》和《洛杉矶时报》等报纸。在广播电视业，美国广播公司、哥伦比亚广播公司和全国广播公司三大电视网享誉全球。华纳兄弟、索尼和 BMG 娱乐公司等几乎垄断了全球音像产品贸易。

第二节　英国文化产业出口经验

一、英国文化产业出口概况

英国文化产业是全球较具活力和影响力的文化产业之一，涵盖了电影、电视剧、音乐、书籍、艺术品以及传统手工艺等广泛领域。以下是英国文化产业和文化出口的概况。

1. 文化产业规模

根据英国政府发布的数据，2019 年英国文化产业在 GDP 中占比为 5%，总产值超过 1 100 亿英镑，就业人数达到 185 万人。其中，电影和电视节目制作、创意设计、数字游戏、广告和出版业是英国文化产业的重要部分。

2. 艺术品拍卖行业

英国伦敦拍卖市场是全球艺术品交易中心之一，由苏富比、佳士得等多家拍卖公司主导。英国的拍卖行业以高价格和高品质的艺术品而著名，其中包括古代和现代艺术品、珠宝首饰等。

3. 传统手工艺

英国有着丰富的传统手工艺，如时装设计、大理石雕刻、玻璃工艺、陶瓷制作等。这些传统手工艺非常重视原创性和精致程度，在国际市场上受到高度评价，也为英国文化出口做出了巨大贡献。

4. 音乐产业

英国拥有众多著名音乐人和乐队，包括披头士乐队、皇后乐队、滚石乐队等。此外，英国举办的各种音乐节也享誉世界，引领着音乐节的潮流。

5. 电影和电视剧产业

英国的电影和电视剧制作水平非常高，在国际市场上备受认可。英国的电影和电视剧产业以质量优良、类型多样和内容丰富而闻名于世。

二、英国文化产业出口的特点和成功经验

1. 建立相应的文化产业法律体系，为文化产业的发展提供保障

英国政府在推动文化创意产业发展中扮演着重要的角色，其责任是创造适宜的外部环境，促进产业发展和公平竞争。对于文化产业而言，知识产权的保护至关重要，可谓产业健康发展的关键。因此，英国政府制定了一整套完善的文化产业政策，并颁布了一系列相关的法律法规，为产业提供了有力的保障。其中包括 1993 年颁布的《彩票法》、1996 年颁布的新《广播电视法》，以及《著作权法》《电影法》和《英国艺术组织的戏剧政策》等。这些法律法规从制度层面确保了文化市场的健康和持续繁荣。

英国政府的文化产业法律体系为产业提供了坚实的法律基础。《彩票法》的颁布为文化产业提供了重要的资金支持，促进了艺术和文化项目的发展。《广播电视法》的更新则适应了媒体和广播领域的快速发展，保护了广播电视产业的权益。《著作权法》和《电影法》则确保了创作者和制片商的合法权益，鼓励创新和创作活动。此外，英国艺术组织的戏剧政策为戏剧表演提供了指导和规范，推动了该领域的发展。

这些法律法规的制定体现了英国政府对文化产业的重视，为产业提供了法律保护和支持。这一法律体系的建立促进了文化市场的繁荣，为文化创意产业的健康发展奠定了基础。通过法律的约束和保护，英国的文化产业得以稳步发展，并在国际上取得了显著的成就。

2. 合理利用独特的自然与文化资源，打造本土文化品牌

英国文化产业的地区发展呈现明显的不均衡现象。英国国土由大不列颠岛、爱尔兰岛的东北部以及周边小岛组成，分为英格兰、威尔士、苏格兰和北爱尔兰四个地区。由于各地资源的分布不均，各地区的文化产业发展情况和水平存在差异。

以伦敦为例，作为英国首都，它通过电影节、时装节、设计节和游戏节等活动，发展了艺术、表演、电影、时尚、设计、数字媒体和音乐等产业，成为全球创意产业的典范。牛津市距离伦敦 100 千米，作为著名的大学城，英国充分利用其知名学府的品牌进行深度开发，创造了丰富的文化旅游资源。利物浦位于英格兰西北部，作为披头士乐队的故乡，如今发展成为集音乐、艺术、博物馆和足球等文化元素于一体的知

名城市，被誉为创新之城。苏格兰高地北部的尼斯湖以利用水怪神话进行深度文化产业开发而闻名。曼彻斯特尽管在第二次世界大战中遭到了严重破坏，但通过一系列的文化提升策略，仍然保留了昔日大城市的地位。

充分利用本地独特的自然和文化资源，打造本土的文化品牌，有助于推动具有地区特色的文化产业发展。不同地区可以根据自身特点和优势，通过举办文化活动、开发旅游资源等方式，突出地区的独特魅力和文化特色。这不仅能够吸引游客和投资者，还能够提升地区的知名度和竞争力。通过打造本土文化品牌，英国各地区可以实现文化产业的可持续发展，同时促进地区经济的繁荣。

3. 营造良好的发展环境，推动文化创意产业的发展

英国是全球首个将文化产业定义为创意产业并启动相关政策的国家。1997 年 5 月，英国首相托尼·布莱尔为提振经济，倡议成立了创意产业特别工作小组。1998 年，该工作组明确定义了创意产业，将其视为“个人创意、技能和天赋的源头，通过知识产权的开发和运用，能够创造财富和就业机会的行业”。然而，一些地区如康沃尔、默西赛德、南约克郡和威尔士西部等由于地理位置、资源禀赋和文化开发的限制，文化创意产业发展较为滞后。为此，英国政府于 1998 年发布了《英国创意产业路径文件》，旨在通过采取积极措施推动各地区文化产业的发展。在接下来的 10 年中，英国以发达地区的文化创意产业为核心，有效地促进了周边地区文化产业和相关经济的发展。

在英国创意产业的发展过程中，在国家政策法规的引导下，地方政府与专业组织展开了广泛的合作，创造了良好的发展环境，为创意企业提供全面的咨询和服务，为创意产业的兴起奠定了良好的社会基础。英国专门组织了一个跨政府部门的工作小组，注重各部门之间的协调与沟通，统一调配有限的资源和资金，形成合力，显著提升了工作效率。目前，英国的文化创意产业已成为英国第二大产业，仅次于金融服务业。

4. 注重培养创新型人才，促进创意产业的良性发展

在英国创意产业特别工作小组成立之初，政府明确了三项对文化创意产业发展至关重要的政策措施，其中之一是注重培养具有创新能力的人才，特别关注青少年的艺术教育和创造力培养。政府与相关部门合作，采取了一系列举措来培养创意人才。例如，政府推行了免费开放博物馆、美术馆和艺术馆，将英国丰富的文化艺术遗产转化为丰富的艺术教育资源，使学生能够获得生动的艺术教育体验。此外，英国产业技能委员会还在大学开展为期 3 年的人才再造项目，专注于电影、电视和多媒体行业，提供 10 个专业学科和数百门学习课程，涵盖电影摄制、编剧、动画、导演、作曲、录音

等领域。该项目使得约 66% 的影视行业从业人员和 24% 的多媒体行业从业人员达到研究生水平，有效提升了这些行业的创新潜力。

第三节　日本文化产业出口经验

一、日本文化产业出口概况

日本的文化创意产业发展战略起步较早。自 1995 年确立了“文化立国”战略，到 2001 年建立了“知识产权立国”战略，2003 年制定了“观光立国”战略，2004 年制定了“新产业创造”战略，2006 年制定了“新经济成长”战略，文化创意产品贸易得到快速发展，2011 年，日本再次提出“文化艺术立国”战略。在日本的产业结构中，创意产业处于战略核心地位，其国际市场份额仅次于美国，位居全球第二。

日本的创意产业增加值占 GDP 的 18.3%，其中尤以动漫产业为首，这表明文化创意产业在日本经济发展中具有重要的战略地位。日本动画协会发布的《动漫产业报告 2021》显示，2021 年，日本动漫产业市场规模达 2.4 万亿日元（约合人民币 1 257 亿元），是日本第二大支柱产业。正是基于这一点，日本的文化创意产业在 21 世纪的前 10 年取得了迅猛发展，成为仅次于汽车制造业的日本第二大产业，成为 21 世纪日本经济复苏的新引擎，同时也使日本成为国际上文化创意产业相对发达的国家。

二、日本文化产业出口的特点和成功经验

1. 政府、市场和企业相互协作的合作机制

在日本，政府、市场和企业形成了合作的力量，共同推动文化产业的发展和文化产品的出口，这是日本的一大特色。政府承担提供相关政策支持的角色，市场中介机构则负责规范市场交易、提供信息和人力资源支持，企业则致力于作品创意、衍生产品开发和拓展海外市场等方面。政府在文化产业发展中扮演着重要角色，提供相关政策支持以推动行业的繁荣。市场中介机构则负责维护市场秩序，规范交易行为，并为企业提供必要的信息和人力资源支持，以便它们能够更好地开展业务。同时，企业在文化产业中起到关键作用，它们不仅在作品创意方面做出努力，还积极开发衍生产品，并努力开拓海外市场。

这种政府、市场和企业的合作机制相互协作，促进了日本文化产业的发展和文化产品的出口。通过政府的政策支持，市场的规范和企业的努力，日本的文化产业得以蓬勃发展，并且成功将文化产品推向国际市场。

在20世纪90年代，面对日本整体经济低迷的情况，政府采取了新的战略，即21世纪“文化立国”战略，旨在通过发展文化产业培育新的经济增长点，推动经济复苏。在促进文化产品出口和文化产业发展方面，日本的主要政府部门是经济产业省和文部省。经济产业省主要从经济和对外贸易的角度负责制定和研究相关政策，而文部省则负责管理文化产业。为了实施“文化立国”战略，经济产业省牵头组织了调研，并提出政策建议，其他政府部门，包括文部省在内，协同配合实施。此外，经济产业省和文部省于2002年共同促成建立了“内容产品海外流通促进机构”，为该机构提供拨款支持，以在海外市场开展文化贸易和维权活动。

日本政府意识到国内市场容量有限，因此非常重视海外市场的开拓。早在1995年，《新文化立国：关于振兴文化的几个重要策略》中就提出了将动漫产品作为日本文化对外输出的重要载体，并提供了1 000亿日元（约合人民币80亿元）的专项拨款，用于数字化、信息化建设和人才培训，以支持动漫产业的发展。

2. 成熟完善的文化中介组织和市场管理制度

在日本，几乎每个文化行业都有相应的行业协会，这些协会在制定行业规则、审查文化产品以及维护成员利益等方面发挥着政府难以替代的重要作用。例如，1994年成立的日本电脑娱乐提供者协会不仅负责调查研究和行业统计，还制定了游戏软件分级制度，对游戏内容进行严格审查。此外，日本动漫学会、动画研究会、动漫工作者协会等学术团体和行业协会在信息提供、人才培养、科学研究、资源开发和国际交流等方面为动漫产业的发展提供了有效服务。

此外，市场也提供了一系列周到完善的中介服务。这些服务主要包括版权中介服务、广告代理服务和海外市场开拓中介服务等。这些中介机构在促进文化产品的交易、推广和出口方面发挥着重要作用。它们致力于协调版权事务，管理广告宣传，以及帮助企业开拓海外市场。

这些成熟完善的文化中介组织和市场管理制度为日本文化产业的发展提供了有力的支持。行业协会和学术团体在规范行业规则、审查产品内容、提供服务和资源方面发挥着重要作用，而市场中介机构则促进了文化产品的交易和国际化发展。这些组织和制度的协同作用有助于日本文化产业的繁荣和创新。

3. 建立独特的文化产业平台

建立独特的文化产业平台是文化产业中将文化资源转化为文化价值所必需的条件。日本一直将自己视为世界范围内的“文化资源大国”，与传统的“资源小国”不同。日本的文化企业不仅注重文化产业本身的发展，还致力于创造一个良好的环境，建立完善的产业体系，并积极寻找世界性的元素，以满足不同文化消费者的需求。这些企业与海外的电视台、电影公司和财团等展开合作交流，并建立战略同盟关系，整合资源，保持创新的同时寻找共同点；聘请具有不同文化背景和意识形态的员工参与创作开发，以充分考虑不同地区消费者的兴趣和偏好。此外，日本还通过学校和财团等民间组织在海外设立了许多日本文化研究和推广机构。例如，日本在世界各地，尤其是在亚洲的大学设立日本文化创意中心和日本文化研究所，通过派遣教师、邀请学者访问和接收留学生等方式促进文化的传播。日本政府的文部省每年投入数十亿日元用于国际文化交流。这些国际交流所带来的成果在很大程度上促进了日本文化产业的发展。

4. 大型文化产业通过合并以及横向合作来增强国际竞争力

日本的大型文化产业集团通过合并以及横向合作，打破了行业和地区之间的界限，通过重新组合资金、技术和经营组织方式等方面的资源，进行产业结构上的调整，形成了传媒业、娱乐业、电信业、电脑业和出版业等相互融合、相互渗透的新格局。这种发展模式下出现了几个跨行业、跨国界的大型和超大型文化产业集团，其中索尼公司和日本广播公司是典型代表。索尼公司在数十年间先后收购了哥伦比亚、米高梅等多家美国大型传媒公司，最终被美国市场接受。索尼美国公司的营业额现在已占索尼公司总营业额的 1/3。成功的并购使得索尼不仅在音视频产品的开发制造方面领先于其他同类公司，而且在影视娱乐业也取得了成功。

与此同时，与国外相关产业企业的合作与授权协议也有助于扩大市场份额。例如，索尼公司的 PS2 游戏机已获得数百家外国企业的资格认证，使得大量外国软件可以在 PS2 上运行，延长了产品的生命周期，增加了出口额，进一步促进了日本游戏产业的国际拓展。通过与国外企业的合作，日本文化产业在国际市场上取得了更大的竞争力和影响力。

5. 创造性的中小企业对于竞争性的意义

在日本的文化产业中，中小企业的存在对于整个产业的竞争性具有重要意义。

尽管少数大企业如索尼和任天堂在该行业占据着重要地位，但无法忽视中小企业在其中所扮演的不可或缺的角色。以游戏软件业为例，2005 年共有 146 家企业，其中 45% 是资产不到 1 000 万日元的中小企业。正是这些中小企业的存在，为产业保持了竞争性。

中小企业的存在促进了创造力的发挥。在文化产业中，开发人员的创造力是至关重要的因素。可以说，文化产业中的开发人员在企业内的影响力远远超过日本其他产业，这对于独创性产品的诞生具有重大的意义。正是由于开发人员的重要性，文化产业的人员流动性远高于日本其他行业，这也降低了中小企业倒闭所带来的失业风险。

中小企业在文化产业中的竞争性表明，创造性的中小企业对于产业的发展和创新具有重要作用。这些企业常常具有灵活性和敏捷性，能够更快地适应市场需求和变化。中小企业在产品开发和创新方面具有独特的优势，为产业带来了新的思维和创意。此外，中小企业的竞争性也推动了整个产业的进步，激发了大企业的创新意识和竞争动力。

因此，中小企业在日本的文化产业中不仅具有重要地位，而且对于促进创新和竞争力的提升起到关键作用。它们的存在和发展对于推动整个产业的繁荣与多样化发展具有积极的影响。

6. 通过大型会展和颁奖活动向世界宣传日本文化产业的魅力

日本的会展业相当发达。近年来，日本通过以文化为主题的各种授奖和展览扩大其在世界范围内的影响，比如一年一度的东京国际电影节、东京电玩展等都给日本的文化产业带来了商机。东京国际电影节已发展成亚洲领先的电影衍生文化市场。另外，日本的文化产业奖项，如“Good Design”奖、国际漫画奖和总理大臣奖等表彰对日本文化做出杰出贡献的人士。此外，日本企业也积极参与国际展会等活动，如奥斯卡奖的评选和戛纳国际电影节，以宣传和销售本国文化产品。

通过各种大型会展和颁奖活动，日本积极宣传其文化产业的魅力，扩大其在世界范围内的影响力。这些活动为日本的文化产业带来了商机，并提升了本国文化产品在国际市场上的知名度和竞争力。

7. 加大知识产权的保护力度

为了保护文化产业的知识产权，日本政府加大了打击海外盗版市场的力度。早在 2002 年，日本将知识产权列为国家战略，确立了成为世界第一知识产权国的目标。针对海外盗版问题的复杂性和隐蔽性，日本政府通过政治和经济手段与其他国家政府进行谈判和协商，以实现共同治理和国际立法的目标。同时，日本政府还派遣了专门的知识产权专家到海外驻点机构，加大情报收集和市场调研，并与当地机构展开合作，以加大监测和打击力度。例如，日本贸易振兴会在北京和上海设立了事务所，并派遣了大量的知识产权专家，与当地机构进行商谈和合作。这些举措旨在保护日本文化产业的知识产权，以减少盗版对企业造成的损失。

第四节 韩国文化产业出口经验

一、韩国文化贸易现状

在20世纪70年代至80年代，韩国将制造业视为国家发展的基石，大力发展汽车和造船等制造业。随后，进入20世纪90年代，韩国不仅继续致力于制造业的发展，还全力推动信息技术产业，并将服务业置于重要位置。韩国经济的迅猛发展引起了全球范围内的关注。然而，1997年的亚洲金融风暴让韩国领导层和智者们认识到了上述行业在危机中的脆弱性。为此，韩国政府果断调整了国家的经济发展战略，并对未来产业的布局和发展进行了战略性调整。

在调整战略时，韩国政府意识到文化产业在全球市场中具有较高的附加值和生产效率，许多文化产业的规模甚至超过制造业。尤其是“文化商品形象”产业和广播电影电视产业的规模比信息技术产业的规模还大，动画产业规模也比造船业规模更大。这些事实使得韩国领导人认识到发展文化产业的重要性。如今，文化产业的重要性已成为韩国的共识，韩国也被公认为全球重要的文化产业大国。

1. 韩国文化产业出口状况的分析

韩国的在线游戏和手机游戏在国际竞争中具备强大的实力。为促进游戏产业的发展，韩国采取了多种措施，一直保持着领先地位。韩国积极与世界其他游戏大国展开合作，通过游戏行业组织之间的交流和国际联系，与大型国际游戏公司积极合作，提升海外竞争力并促进游戏出口。

韩国的广播电视和电影产业是其出口的先锋。早在多年前，韩国的电影和电视剧就开始实施出口战略，通过影视作品逐步打开海外市场。早期的韩剧在海外年轻人中风靡一时，大大提升了韩国明星和“韩流”文化的知名度，为“韩流”文化在海外持续扩张奠定了基础。近年来，韩国的演唱会和音乐剧成为对外出口的重点领域，为韩国不断扩展海外市场的战略提供了新的发展方向和动力。

2. 韩国文化产业出口国家和地区分析

韩国作为一个较早发展文化产业的国家，由于国土面积和人口数量等因素的限制，国内文化市场的规模已达到饱和状态。为了保持竞争力并继续发展文化产业，韩国必须积极开拓国外市场，因此对国外市场的依存度较高。

与欧美文化强国相比，韩国文化产品的竞争力存在一定差距。中国文化产业的迅速发展，也给韩国带来了一定的挑战。虽然韩国的文化产业出口额在增加，但未达到预期。此外，许多中小企业仍然采用小作坊式的运营模式，缺乏创意，并且盗用创意的行为频发，这也限制了韩国文化产业出口规模的进一步扩大。

二、韩国文化产业出口的特点和成功经验

鉴于文化产业的初期投资高、风险大，为了确保文化产业市场的顺利启动，国家的大力扶持和公共资金的投入至关重要。韩国之所以能够在短时间内实现跨越式的发展，主要得益于政府的积极主导作用，通过培育和规范市场，帮助企业实现规模化和强化竞争力。

1. 强化政府管理，完善组织管理机制和相关法律法规

韩国文化观光部是主要负责管理文化产业的政府部门，其职责覆盖了各个方面。在 2000 年，该部门设立了“文化产业振兴委员会”，由文化观光部部长担任委员长，其他政府官员为成员。该委员会的主要任务是制定国家级的文化产业政策、发展规划和具体执行方案，监督执行过程，并进行相关的文化产业调查和研究。2001 年成立了“文化产业振兴院”，其核心职责是为文化产业提供全方位支持，包括政策、资金、技术、信息、人才和销售等方面，并重点推动关键产业的发展。此外，文化观光部还与其他部门共同建立了一些行业中心和协会，以共同推动文化产业的发展。

为了保护知识产权和打击非法复制等违法行为，韩国政府对《著作权法》进行了进一步规范，修改的内容约占 70%。同时，韩国还颁布了《文化产业振兴基本法》和《设立文化地区特别法》等综合性法规，为文化产业的健康发展提供了有效的法律保障。这些法律法规的出台旨在加强知识产权保护，促进合法创作和市场规范运作，确保文化产业能够稳定发展。

通过加强政府管理、完善组织管理机制和制定相关法律法规，韩国政府致力于为文化产业提供全面支持和保护，以推动其健康发展。这些举措的实施有助于规范市场秩序，促进创意创新，为文化产业的持续壮大创造有利条件。

2. 多元化筹资，加大对文化产业的资金投入

首先，韩国政府积极增加对文化事业的投资，在国家财政预算中分配更多资金。自 2000 年起，韩国的文化预算首次超过国家预算 1% 的标准，并随后持续增加。到 2003 年，文化预算已达到 1 兆 1 673 亿韩元（约人民币 65 亿元）。韩国政府利用财政资金兴建了博物馆、公共图书馆、美术馆、剧场等文化设施，并设立了国家级的“原稿库”，提前购买知名作家的手稿，以促进艺术创作。

其次，韩国政府设立了专项基金，支持关键产业的发展。例如，电影振兴基金、出版基金和信息化促进基金等。这些基金旨在提供财务支持和投资机会，推动文化产业的创新与成长。

再次，韩国政府还采取与民间合作的方式，为商业化程度较高的文化项目提供资金支持。通过与私营部门的共同投资，韩国政府能够提供资金支持、技术支持和市场拓展等方面的帮助，促进文化产业的蓬勃发展。

最后，除了直接资金投入，韩国政府还通过税收减免、信贷优惠等经济手段为文化产业提供间接的资金支持。这些措施有助于减轻企业的财务负担，提高其发展的可行性和竞争力。

通过多元化筹资和增加对文化产业的资金投入，韩国政府致力于为文化产业的发展创造良好的经济环境和资金保障。这些举措有助于激发创意创新，培育新兴产业，推动韩国文化产业的可持续发展。

3. 设立文化园区，加大基础设施建设

为了促进文化产业的发展，韩国政府在全国范围内设立了多个文化产业园区，旨在优化资源配置，提升研发和生产能力，以及形成合理的产业结构和产业链。这些文化产业园区的建设符合《文化产业振兴基本法》的要求，整合了产业、学术和研究力量，承担文化产业的研发、技术培训、信息交流和生产制造等任务。

富川影视文化园区、坡州出版产业园区、Heyri 艺术村、韩国民俗村、春川动画基地等都展现出各自的特色，为文化产业的发展注入了新的活力。以上这些园区的资金主要来自地方政府，并得到中央政府的大力支持，同时也吸引了民间资本的参与。

通过建立文化园区，韩国政府致力于加强文化产业的基础设施建设，为企业提供

优质的工作环境和便利的服务支持。这些园区的成立为文化产业的专业化发展提供了平台，促进了不同领域之间的合作与创新。通过充分利用文化园区的资源和优势，韩国能够更好地培育和孵化文化产业企业，推动文化产业的快速发展。

4. 积极拓展海外市场

韩国政府意识到，由于国内市场的规模有限，为了实现文化产业的大规模发展，积极开拓国际市场是必要的。为此，韩国政府制定了一系列战略来加强文化贸易的发展。

首先，韩国政府将全球市场作为重点目标，将中国、日本等国家视为进军全球市场的重要桥头堡。韩国政府积极开拓这些市场，提升出口规模，通过国内市场回收制作成本，并通过国际市场获取利润。为实现这一目标，韩国文化产业振兴院早在 2001 年就在北京和东京设立了办事处，负责研究当地市场并开展销售工作。

其次，为吸引投资和推广产品，韩国政府积极组织国际文化产品展览销售活动，并支持国内企业参加海外类似活动和投资洽谈会。通过这些渠道，韩国企业能够与国际市场进行更紧密的接触和交流。

最后，为弥补自身在资金和技术方面的不足，韩国政府鼓励企业开展国际合作。这种合作可以帮助企业获取更多的资源和技术支持，提升其在国际市场上的竞争力。

总之，韩国政府积极拓展海外市场是为了实现文化产业的长期发展，而制定相应战略并提供支持，是希望韩国的文化产品能够走向世界舞台，获取更广阔的发展机遇。

5. 注重培养专门化的人才

韩国文化产业的发展实践表明，人力资源对于其竞争力具有重要影响。在文化产业的生产要素中，从业人员数量占据重要地位，并且在相关指标中排名靠前。这表明韩国对于文化产业人才的培养非常重视。

韩国的人才培养工作在文化产业中具有广泛的覆盖面，阶段设置合理且全面。韩国每年培训近千名高级人才，并将其纳入政策规划之中。那些拥有高级人才的企业还可以享受税收优惠政策。此外，韩国文化产业振兴院还开设了网络课程，培养紧缺行业的人才。

韩国政府通过高等教育机构和研究所来培养与文化产业相关的创新人才。韩国有 200 多所高校设立了与文化产业相关的专业，并在全国各地设立了文化产业研究所，积极吸纳相关人才，并提供大量的资金支持。此外，韩国政府还重视从国外招募文化产业相关人才，为他们提供高薪待遇，并有计划地派遣人才出国学习，培养完成后再带回国内。通过这种方式，韩国能够吸收并借鉴许多国外文化产业发展的经验。

总之，韩国非常注重培养专门化的人才，通过不同层面的培养计划、高校专业设置和国际人才引进等措施，努力提供优秀的人才支持，以推动文化产业的可持续发展。

通过对以上四国的比较分析，不难发现文化产业已经成为这些国家国民经济中的支柱性产业，同时也是帮助它们实现经济转型和经济再度腾飞的关键性产业。由于文化产品在传播过程中携带本土文化意识和价值理念，从而在经济利益和政治利益的双重推动下，各国在文化领域中上演的国际竞争将会越来越激烈。在国际贸易的竞争领域中，广东发展文化贸易需要参考其中的成功经验，进行创新和实践，争取实现跨越式发展。

第八章　广东文化贸易竞争力提升对策分析

全球贸易规模仍在持续增长中，全球商品贸易规模连创新高，2022 年全球商品贸易出口额达到近 25 万亿美元，比 2021 年增长约 10%。其中，中国贸易全球领先，全球贸易规模增长主要来自中国。2021 年中国的增加值达到 7 739 亿美元，排在全球首位，其增长规模是排在第二名美国的 2.3 倍，是排在第三名德国的 3.1 倍。中国对于全球贸易贡献的动力之一来自国内完善的产业链和国内政策的大力支持。

广东具有丰富的文化历史资源，并且有能力利用这些文化资本创造符合当代文化需求的优秀文化产品和服务，因此广东的文化产品在国际市场上具备强大的竞争力。然而，目前面临的主要问题是，广东缺乏将文化资源有效转化为市场价值的能力，未能深入挖掘当地的文化资源和市场需求。同时，由于一些文化产品的创作存在质量不高的问题，使得广东的文化产品和服务在与其他国家与地区的竞争中处于不利地位。因此，广东需要采取相应对策，各方共同努力，使其文化产品和服务在全球竞争中脱颖而出。为此，广东将不断提升广东文化贸易的竞争力，实现文化贸易高质量发展，并为在 2035 年实现中国特色社会主义文化强国的目标而不懈努力。

第一节　提升广东文化贸易竞争力的政策保障

一、发展文化贸易需要有效的政府政策保障支持

发展文化贸易的前提是有效的政府政策支持，才能保证广东文化贸易又好又快地发展。纵观世界文化强国的发展历史，各国政府在推动文化贸易发展方面发挥着关键的引导作用。政府支持文化贸易的做法是目前文化贸易大国普遍采取且取得成功的重要方式。通过对比之前提到的美国、英国、日本和韩国的政府政策，我们可以发现这

些国家在文化产业的初期阶段都受到了政府的保护，从而进一步成功进军国际市场。立法、资助和制定保护政策是许多国家为推动本国文化产品出口所采取的常见策略。

1. 提供财政支持

政府在财政上提供如财政补贴、税收优惠、创新基金等，鼓励创意和文化产业的发展。中央及广东地方政府目前确实重视发展文化产业及贸易，提出了发展规划、优惠政策和促进战略等，给予文化产品出口最大的保障力度，但在某种程度上并未引起部分地区的重视。例如，相较于其他重点发展产业，对文化产业的实际财政支出比例偏少。因此，为了提升文化贸易竞争力，政府可以设立文化产业发展基金，对文化创新项目和优秀的文化企业提供财政支持。这样的基金可以用于资助创新项目的研发、文化企业的扩展、市场营销等方面。

2. 优化政策环境

优化政策环境是促进文化贸易发展的重要举措之一。政府可以通过制定鼓励文化产业发展的政策，为文化企业和创意人才提供更加优惠和便利的条件，从而推动文化贸易的繁荣。

首先，降低企业税收是一项重要的政策措施。政府可以通过减免企业所得税、降低增值税税率等方式，减轻文化企业的负担，增强其发展活力。税收优惠政策可以激励企业增加投资，加大创新力度，提升产品和服务的质量，从而增强文化企业的竞争力和市场影响力。

其次，优化行政审批过程也是优化政策环境的重要举措。政府可以简化审批程序，缩短审批时间，减少行政审批环节，降低企业和个人的办事成本。简化行政审批流程可以促进创意和文化项目的快速落地，鼓励更多的文化企业和创意人才积极参与文化贸易活动。

再次，设定优惠的市场准入门槛也是优化政策环境的重要举措之一。政府可以通过减少市场准入的限制条件，简化市场准入的手续和程序，鼓励更多的文化企业和创意人才参与市场竞争。降低市场准入门槛可以吸引更多的创意人才和企业进入文化产业领域，推动文化贸易的多样化和创新发展。

最后，打击知识产权侵权行为也是优化政策环境的重要举措之一。政府应加大知识产权保护的力度，加强知识产权执法和司法保护，打击盗版、侵权等违法行为。有效的知识产权保护措施可以保护创意产业的合法权益，激发企业和创意人才的创新活力，增强其对文化贸易的信心和投入。

3. 建立专业平台

为了促进文化贸易的发展，建立专业平台是一项重要的政策措施。这些专业平台可以是由政府创建或支持建设的文化产业园区、创新中心或孵化器。它们的目标是为文化企业和创业者提供办公空间、技术支持和其他资源，以推动文化产业的创新、升级和转型。

首先，政府积极引导和支持文化产业园区的建设。这些园区通常集聚了一批文化企业和创意人才，提供了一个专业化、集约化的发展环境。广东省人民政府在规划和建设过程中可以提供必要的投资和政策支持，以吸引更多优秀的文化企业入驻。园区内提供办公场所、展示空间、演艺设施等，为文化企业的创作、生产、展示和销售提供便利。

其次，创新中心是另一个重要的专业平台。政府可以支持创新中心的建设，并与高等院校、科研机构和企业合作，共同推动文化产业的创新发展。创新中心可以提供技术支持、研发资源和专业知识，帮助文化企业解决技术难题、推动创新项目的落地。政府可以通过资金支持、人才引进和政策激励等手段，激发创新中心的活力，促进文化产业的技术进步和市场竞争力的提升。

再次，孵化器也是一种重要的专业平台形式。政府可以设立或支持孵化器的建设，为初创文化企业提供创业培训、资金支持和市场导向等全方位的支持服务。孵化器可以提供办公场所、共享设施和专业咨询，帮助初创企业降低创业成本，提高创业成功率。政府还可以与金融机构合作，为孵化器内的企业提供创业贷款和风险投资，帮助它们实现可持续发展。

最后，建立专业平台有助于推动文化企业和创业者的聚集效应，促进资源共享和合作创新。政府在支持专业平台建设过程中需要制定相关政策和措施，包括土地供应、税收优惠、人才引进和知识产权保护等方面的支持政策。同时，政府还应加强与专业平台管理机构的合作，建立健全的监管机制，确保平台运营的透明、公正和规范，为文化企业和创业者提供良好的发展环境。

二、创建粤港澳大湾区文化创新发展实验区

粤港澳大湾区人文湾区建设承担着新时期国家文化改革创新发展的重大历史使命，需要有更高的平台统筹发展。建议由国家部委与粤港澳三地共建“国家级粤港澳大湾区文化创新发展实验区”，以创建世界一流人文湾区为目标指向，在保障国家文化安全

的前提下，国家充分赋权，先行先试，为新时代文化改革创新发展探索经验。

1. 建立开放的制度环境

粤港澳大湾区的力量可以为广东文化贸易竞争力的提升提供巨大的机遇和潜力。粤港澳大湾区作为国家级重点发展区域，其地理位置优越、经济实力雄厚，拥有丰富的文化资源和开放的制度环境，为广东文化贸易发展提供了独特的优势。

首先，粤港澳大湾区可以作为实验区，在这里实行更加开放和灵活的政策。通过建立开放的制度环境，可以吸引更多的文化企业和创意人才聚集于粤港澳大湾区，促进文化贸易的繁荣和创新发展。政府可以在大湾区设立特殊经济区或自由贸易区，为文化企业提供更加灵活的政策和经营环境，鼓励跨境文化贸易和合作。

其次，粤港澳大湾区拥有广泛的国际交往和合作渠道。中国香港和澳门作为国际化的金融和商贸中心，与国际市场的联系紧密，可以为广东文化贸易提供广阔的国际合作机会。借助中国香港和澳门的平台和渠道，广东文化企业可以更好地对接国际市场，拓展海外业务，实现文化产品的国际化输出。

再次，粤港澳大湾区还可以促进文化产业的融合与创新。粤港澳大湾区内聚集了众多的文化企业、高等院校和科研机构，形成了良好的创新生态系统。文化企业可以与高校和科研机构开展合作，共同进行技术创新、产品研发和人才培养，推动文化产业的转型升级。通过文化产业与科技、金融、教育等领域的融合，可以培育新兴的文化产业模式和商业模式，提升广东文化贸易竞争力。

最后，粤港澳大湾区开放和灵活的制度环境也有利于吸引国际性的文化活动和展览。政府可以积极争取承办国际文化展览、艺术节、影视节等大型活动，吸引国内外优秀的文化机构、艺术家和文化创意人才到粤港澳大湾区交流合作。这不仅可以提升广东的文化影响力和知名度，也能够促进文化产品和服务的国际交流与合作，提升文化贸易的规模和质量。

总之，借助粤港澳大湾区的力量，建立开放的制度环境是促进广东文化贸易竞争力提升的重要途径之一。通过实施更加开放和灵活的政策，积极发展国际合作渠道，推动文化产业的融合与创新，以及吸引国际性的文化活动和展览，广东文化贸易将迎来更加广阔的发展前景，为地方经济的增长和社会发展注入新的动力。

2. 建设粤港澳大湾区文化产业圈

借助粤港澳大湾区的力量，广东可以通过建设粤港澳大湾区文化产业圈，进一步提升其文化贸易竞争力。在这一努力中，不同城市可以发挥各自的特色和优势，共同构建一个蓬勃发展的文化产业生态系统。

首先，可以将广州打造成动漫游戏之都、全球创意城市和文化装备制造中心。广州已经在动漫游戏产业方面有一定基础，可以通过加强政策支持、优化营商环境和提供专业培训，进一步吸引优秀的动漫游戏企业和创作者，培育更多优秀的作品和人才。同时，广州可以加大对文化装备制造业的支持力度，提供先进的生产设施和技术支持，助力文化产品的生产和推广。

其次，需要支持深圳大力发展时尚产业，打造设计之都和国际文化创新创意先锋城市。深圳已经在时尚产业领域展现出了强大的实力和潜力，可以通过建设创意产业园区、提供创业支持和推动国际交流合作等方式，进一步推动时尚产业的创新和发展。同时，深圳可以加强设计人才的培养和推广，打造具有国际影响力的设计品牌和创意团队，提高深圳在全球创意产业中的地位。

可以努力将珠海打造成为全国知名的演艺城市。通过举办大型演艺活动、建设专业演艺场馆和培育优秀演艺人才，珠海可以成为吸引国内外优秀演艺团体和艺术家的重要舞台，从而推动演艺产业的繁荣发展。此外，还可以探索其与香港和澳门特区的合作，共同打造粤港澳大湾区的文化交流和演艺中心。

在电影产业方面，可以将佛山建设成为“南方影视中心”和粤港澳大湾区电影产业试验区。佛山已经拥有一些知名的电影制片厂和影视基地，可以通过提供优惠政策、场地支持和促进人才培养，吸引更多的电影企业和项目在佛山发展。同时，将佛山纳入粤港澳大湾区电影产业试验区，可以推动粤港澳三地在电影制作、宣传和交流方面的合作，共同打造具有国际竞争力的电影产业集群。

再次，可以发展东莞和中山的出口导向型文化制造业。这两个城市在制造业方面有一定的优势，可以结合当地资源和市场需求，发展与文化产业相关的制造业，如音乐器材、艺术品加工和文化衍生品制造等。通过提供专业的生产设施、技术支持和市场拓展，可以推动这些产业的发展，为文化贸易提供更多高品质的产品。

最后，可以大力发展江门、肇庆和惠州的特色文化旅游。这些地区拥有独特的自然风光和丰富的历史文化资源，可以通过开发旅游景点、举办文化活动和提供特色旅游产品，吸引更多游客和文化爱好者到这些地方游览和体验。同时，加强与其他城市的合作和联动，形成文化旅游的区域联动效应，进一步提升整个粤港澳大湾区的文化贸易竞争力。

综上所述，通过在粤港澳大湾区建设粤港澳大湾区文化产业圈，并分别发展各个城市的特色产业，广东文化贸易竞争力将得到进一步提升。这种多城市合作和区域联动的模式将促进文化资源的共享、创新和合作，为广东文化贸易带来新的机遇和发展空间。同时，这也将进一步推动广东在国际文化贸易中的地位和影响力，为广东的经济增长和社会发展注入新的动力。

3. 推动政策协同和一体化

借助粤港澳大湾区的力量，推动政策协同和一体化，是提升广东文化贸易竞争力的关键举措。由于粤港澳大湾区涵盖了香港、澳门两个特别行政区和广东省的 9 个城市，每个地区都拥有各自的行政法规和政策环境，因此政策协同和一体化是实现文化产业和文化贸易自由流动的基础。

首先，需要加强政策沟通和协商机制。各地区政府可以建立定期的高层会议或工作组，以促进政策沟通和协商。通过分享各地区的政策经验和最佳实践，可以找到更多的合作机会和共同点，促进政策的协调和一致性。此外，建立一个信息交流平台，如在线数据库或政策指南，可帮助各地区了解彼此的政策框架和优惠政策，促进跨地区的合作和交流。

其次，需要加强法律和制度的协调和整合。由于粤港澳大湾区涉及不同的法律体系和行政体制，因此需要寻求一致性和协调性。政府可以建立专门的法律和制度研究机构或专业团队，负责研究和提出在文化产业和文化贸易领域的相关建议。同时，通过制定一体化的法律框架和政策指导，可以减少各地区之间的法律冲突和不确定性，提升文化企业和从业者的法律意识和合规能力。

再次，需要建立跨境合作机制和平台。对粤港澳大湾区内的文化企业和从业者政府应该鼓励和支持跨境合作，以实现资源共享和互利共赢。政府可以设立专门的跨境合作基金，用于支持文化项目和企业的合作发展。同时，建立一个跨境合作的平台，如线上交流平台或跨境创意园区，可以为文化企业和从业者提供更便捷的合作机会和资源整合渠道。

最后，需要推动人才培养和交流。粤港澳大湾区应该加强人才培养和交流机制，鼓励人才在区域内流动和交流。政府可以设立专门的人才培训基地或学术交流平台，提供跨地区的培训和学术交流机会。此外，还可以设立奖学金或资助计划，吸引和留住优秀的文化人才，促进区域内的人才交流和合作。

总之，通过推动政策协同和一体化，粤港澳大湾区可以打破地区之间的壁垒，实现文化产业和文化贸易的自由流动。这将促进资源的共享和整合，提升广东文化贸易的竞争力，并为整个大湾区的文化产业发展注入新的活力和动力。

4. 推动文化科技创新

结合粤港澳大湾区的科技优势，推动文化与科技的融合创新，发展数字文化、虚拟现实等，是提升广东文化贸易竞争力的重要途径。粤港澳大湾区集聚了丰富的科技创新资源和人才，结合文化产业的发展需求，可以实现文化与科技的融合，培育新兴的数字文化产业，拓展虚拟现实等新型文化形式。

首先，可以建立跨界合作机制。粤港澳大湾区内的科技企业、文化企业和研究机构可以积极开展跨界合作，共同探索文化与科技的结合点。例如，科技企业可以为文化企业提供创新的技术解决方案，包括数字内容创作工具、虚拟现实技术、增强现实技术等，以丰富和提升文化产品的体验与表现形式。同时，文化企业可以为科技企业提供丰富的文化素材和创意，激发科技创新的灵感和应用场景。

其次，可以打造科技创新孵化器和实验场景。粤港澳大湾区可以设立专门的科技创新孵化器，为文化科技创业者提供办公空间、资金支持、技术指导等全方位的创业支持。通过提供创新资源和合作平台，可以促进文化科技创新的孵化和成长。此外，还可以建立实验场景，如虚拟现实实验室、数字文化展示中心等，为科技创新和文化创意提供展示和演示的场所，吸引更多的投资和合作机会。

再次，可以加强人才培养和交流。粤港澳大湾区可以建立跨区域的科技创新人才培养计划，吸引和培养具备科技与文化双重背景的人才。可以设立奖学金或资助计划，支持人才的培养和跨区域的学术交流。同时，可以组织专业的培训和研讨活动，提升从业人员的科技创新能力和文化素养，培养更多的创新型人才。

最后，需要加强政策支持和资金引导。政府可以制定相关的政策措施，鼓励科技创新与文化产业的结合。这包括提供税收优惠政策、设立专项基金、引导金融机构加大对文化科技创新的金融支持等。通过政策和资金的引导，可以激发更多科技企业和文化企业的创新活力，推动文化科技创新在广东的蓬勃发展。

综上所述，借助粤港澳大湾区的力量，推动文化科技创新是提升广东文化贸易竞争力的重要途径。通过跨界合作、创新孵化器、人才培养和政策支持等方面的努力，可以推动文化与科技的融合，培育新兴的数字文化产业，拓展虚拟现实等新型文化形式，进一步提升广东在文化贸易领域的竞争力，为广东的文化产业发展注入新的动力和活力。

三、大力培育公民文化创意环境

1. 不断提升城市文化品位，为文化产业创新发展提供不竭的驱动力

弘扬本地文化，培养公民文化创意环境，是提升广东文化贸易竞争力的重要策略。广东作为一个历史悠久、多元文化融合的省份，拥有丰富多样的本地文化资源。通过充分挖掘和传承本地文化，可以打造具有独特魅力和竞争力的文化产品与服务，提升广东文化贸易竞争力。

首先，可以通过举办文化节庆和展览活动来弘扬本地文化。广东可以定期举办各种规模的文化节庆活动，如广府文化节、潮汕文化节、粤剧艺术节等，以展示广东本地文化的魅力和特色。同时，可以组织展览活动，展示广东传统手工艺品、民俗文化、历史遗迹等，吸引国内外的参观者和购买者，促进文化产品的流通和贸易。

其次，需要加强文化演出和表演艺术的推广。通过举办音乐会、戏剧演出、舞蹈表演等文艺活动，展示广东本地的音乐、舞蹈、戏曲等艺术形式，培养公民对本地文化的认同感和骄傲感。这不仅可以提升广东文化的影响力，还可以吸引更多的观众和市场需求，促进文化产品的消费和贸易。

再次，需要注重对本地文化的深度挖掘和创新发展。广东拥有丰富的传统文化和民间艺术，可以通过对传统技艺的传承和创新，推出符合现代市场需求的文化产品。例如，将传统手工艺品与现代设计相结合，打造具有创意和时尚感的文化艺术品。通过对广东美食、茶文化、民间传统医药等的深入研究和创新，可以推出具有本地特色和文化内涵的食品、饮品和保健品，拓展文化贸易的领域。

最后，还可以鼓励公民参与文化创意活动，培养创意思维和创新能力。通过开展文化创意培训、创客教育等活动，激发公民的创造力和创新潜力，培养更多的文化创意人才。这些人才的涌现将为广东的文化产业注入新的活力，推动文化贸易的发展。

总之，通过弘扬本地文化、培养公民文化创意环境，广东可以提升自身的文化贸易竞争力。通过举办文化节庆和展览活动，推广文化演出和表演艺术，挖掘和创新本地文化，鼓励公民参与文化创意活动，广东可以打造具有独特魅力和市场竞争力的文化产品与服务，促进文化贸易的繁荣发展。这将为广东的经济增长和文化产业的发展提供新的动力与机遇。

2. 开展国际文化交流和合作

开展国际文化交流和合作，培养公民文化创意环境，是提升广东文化贸易竞争力的重要策略。通过与国外的文化机构、企业和艺术家进行交流与合作，广东可以引进

先进的创意理念、艺术表达方式和管理经验，促进本地创意和文化产业的创新发展。

首先，国际文化交流和合作可以为广东带来新的创意与思路。通过与国外的文化机构和艺术家合作，广东可以汲取不同文化背景和艺术风格的灵感，拓展创意的边界。国际交流可以促进不同文化之间的相互借鉴和融合，激发本地创意人才的创新思维，培养公民对多元文化的包容性和创意生活方式的欣赏能力。

其次，国际文化交流和合作有助于推动广东文化产业的国际化发展。通过与国外文化企业和艺术机构的合作，广东可以拓宽文化产品的市场渠道，扩大文化贸易的规模和范围。国际交流还能够促进广东文化产品和服务的出口，提升广东在国际文化市场的竞争力。同时，与国外合作伙伴共同开展项目和活动，可以提高广东文化产业的专业水平和国际影响力。

再次，国际文化交流和合作还能为广东创造更多的商业机会与合作平台。通过与国外文化企业的合作，广东可以与之共同开发新的文化产品和创意项目，探索跨国合作的商业模式和市场机制。国际交流活动和文化展览可以吸引国际观众和投资者，为广东的文化产业提供更广阔的发展空间。

最后，国际文化交流和合作有助于提升广东的城市文化品格与形象。通过与国外的艺术家和文化精英合作，广东可以引入更多的优秀艺术作品和文化项目，丰富城市的文化氛围和艺术活动。这将提升广东的吸引力和竞争力，吸引更多的人才和游客来到广东，推动经济和文化的共同发展。

综上所述，通过开展国际文化交流和合作，广东可以借鉴国外的创意理念和经验，促进本地创意和文化产业的创新发展，培育公民创意生活和创意环境。这将提升广东的文化贸易竞争力，推动广东文化产业的创新发展，并为广东的经济增长和城市文化品格的提升提供不竭的驱动力。

3. 构建创新生态系统

构建创新生态系统是培育公民文化创意环境的重要内容，也是提升广东文化贸易竞争力的重要策略。这一策略的核心是通过各方合作共享，营造一个促进创新的生态环境，激发广东社区的创新能力和活力。

首先，政府在构建创新生态系统中扮演着重要角色。政府可以制定支持创新的政策和法规，提供创新基金和资助计划，为创新企业和个人提供良好的发展环境。政府还可以鼓励公私合作，促进政企、政教研、政社等各方的合作，以加强资源整合和共享，推动创新生态系统的建设。

其次，企业是创新生态系统的重要组成部分。企业可以积极参与创新合作和共享平台，与教育机构、研究机构等建立合作关系，共同开展科研项目和技术转移。同时，企业还可以通过开展内部创新活动、鼓励员工创新和提供良好的创新环境，激发创新潜能和创造力。

再次，教育机构和研究机构在创新生态系统中起着培养人才与推动科研的重要作用。教育机构可以加强创新教育和培训，培养具有创新意识和创新能力的人才。研究机构可以开展前沿科研和技术创新，为产业提供技术支持和解决方案。同时，教育机构和研究机构也可以与企业合作，共同开展创新项目和实践活动。

最后，公民作为创新生态系统中的参与者，也扮演着重要角色。公民可以通过参与创新活动，提出创意和建议，为创新生态系统注入新颖的思路和创意。政府和企业可以鼓励公民参与创新，提供创新平台和资源支持，激发公民的创造力和创新潜能。

通过构建创新生态系统，政府、企业、教育机构、研究机构和公民可以形成良性互动与协同创新的局面。合作共享的方式能够促进知识流动、资源整合和创新能力的提升，从而培育公民文化创意环境，推动广东文化贸易竞争力的提升。这样的创新生态系统将为广东的文化产业发展和文化贸易提供持续的动力，助力广东成为具有全球影响力的文化创意中心。

4. 建设创意公共空间

建设创意公共空间是培育公民文化创意环境的重要内容，也是提升广东文化贸易竞争力的重要策略。通过设立公共空间，如公园、文化中心、图书馆等，供公民进行创意活动和文化交流，可以营造一个鼓励创新和创意表达的环境，激发公民的创造力和创新潜能。

首先，这些创意公共空间可以成为文化活动和创意交流的重要场所。在这些空间中，人们可以举办各种文化活动，如艺术展览、音乐演出、戏剧表演等，为公民提供观赏和参与的机会，丰富公民的文化生活。同时，还可以定期举办创意工作坊、讲座和培训活动，为公民提供学习和交流的平台，促进创意思维和技能的培养。

其次，这些创意公共空间可以提供各种创新工具和资源。例如，提供艺术工作室、创客空间、数字媒体实验室等，供公民进行创作和实验。这些空间配备先进的设备和技术，如 3D 打印机、音频录音设备、视频剪辑软件等，帮助公民实现创意的转化和展示。同时，提供文献资料、数字资源和知识库等，为公民提供灵感和参考，促进跨领域的创意交叉融合。

最后，这些创意公共空间可以鼓励公民进行创新实践。通过举办创意比赛、创业孵化等活动，激励公民将创意转化为实际的产品和服务，提供创新投资和资助支持，帮助公民实现创意的商业化和市场化，推动文化产业和贸易的发展。同时，这些空间还可以建立创意网络和社群，促进公民之间的交流和合作，形成创新的协同效应。

通过建设创意公共空间，可以为公民提供一个开放、多元和创意激发的环境，培育公民文化创意环境。公民在这样的环境中可以自由发挥创意，进行文化创造和交流，不断丰富和更新广东的文化产业和贸易。同时，这些创意公共空间也为广东文化产业提供了一个重要的源泉，孕育和培养了众多的文化创意人才，为广东文化贸易竞争力的提升提供了可持续的动力。

四、完善文化贸易相关法律法规

要提升广东文化贸易的国际竞争力，文化产业的发展要放到第一位。

1. 完善文化贸易体制建设

完善文化贸易体制建设是提升广东文化贸易竞争力的重要策略。随着文化产业的快速发展和国际贸易的日益增长，广东作为中国重要的文化贸易中心，需要建立和完善适应文化贸易需求的体制和法律法规，以提供有效的支持和保障。

首先，广东可以借鉴货物贸易体制的经验，将其应用于文化贸易领域。货物贸易体制拥有完善的进出口流程、贸易合规标准和相关监管机构，这些经验可以为文化贸易体制的建设提供有益参考。广东可以借鉴货物贸易体制中的信息管理系统、清关流程和贸易融资工具等方面的经验，为文化贸易建立高效、透明和便利的交易环境。

其次，要完善与文化贸易相关的法律法规。当前，文化产业的发展速度较快，但在法律法规体系方面尚存在一定的不完善和不足之处。广东可以通过制定和完善相关的法律法规，明确文化贸易的法律地位、交易规则和知识产权保护等方面的规定。这包括制定专门的文化贸易法律、知识产权保护法律、海关监管法律等，以确保广东的文化贸易活动在合法、规范的框架内进行。

再次，广东可以建立专门的文化贸易机构和监管部门，加强对文化贸易的监管和管理。这些机构可以负责制定相关政策、指导文化贸易发展、提供咨询和支持等。同时，加强与相关部门的协作，如海关、知识产权保护机构等，建立信息共享和协同监管机制，以提高文化贸易的安全性和质量。

最后，广东还可以加强与其他国家和地区的文化贸易合作，推动建立更加开放和便利的国际贸易机制。通过签订双边或多边协议、推动跨境文化交流和合作项目等方式，促进广东与其他国家和地区的文化贸易交流，打破贸易壁垒，创造更多的合作机会和市场需求。

综上所述，完善文化贸易体制建设是提升广东文化贸易竞争力的重要策略。通过借鉴货物贸易体制经验，完善相关法律法规，建立专门机构和加强国际合作，广东可以打造一个规范、高效和有利于文化贸易发展的环境，提升广东的文化贸易竞争力，推动文化产业的繁荣和可持续发展。

2. 加强知识产权的保护

加强知识产权的保护，培养公民文化创意环境，是提升广东文化贸易竞争力的重要策略。知识产权的保护对于文化贸易的发展具有关键性的影响。在全球化和数字化的时代背景下，知识产权的维护和保护变得尤为重要，它不仅能够鼓励创新和创造力的发展，还能为文化产业提供公平竞争的环境，从而进一步提升广东文化贸易的竞争力。

首先，加强知识产权的法律保护是提升广东文化贸易竞争力的重要措施之一。政府应采取更加积极的立法措施，建立和完善与知识产权相关的法律法规体系，以确保创作者的合法权益得到充分保护。这涵盖了对著作权、专利权、商标权等知识产权的保护，明确权利人的权益和责任，并规范对侵权行为的处罚力度，为广东的文化产业提供坚实的法律保障。

其次，改善社会环境，营造公正有序的创作环境是培养公民文化创意环境的关键。政府应加强对文化贸易发展的监管和引导，建立健全的文化贸易市场秩序，打击制作贩卖盗版书籍、盗版音像制品等违法行为。同时，建立文化产品和服务登记平台以及盗版文化商品举报平台，方便公众对侵权行为进行举报，从而有效打击盗版行为，维护创作者的权益。

最后，加强知识产权的保护还需要加大执法力度和国际合作。政府应加大对盗版行为的打击力度，加强相关执法机构的培训和配备，提高执法效能。同时，积极参与国际合作，加强与其他国家和地区的知识产权保护合作，共同应对跨国盗版和侵权行为，构建起全球范围内的知识产权保护网络。

通过加强知识产权的保护，广东能够为文化产业提供良好的创作和创新环境，激发广东创作者的创造力和创意潜能。这将推动广东文化产业的发展，提升广东的文化贸易竞争力。同时，公民在受到知识产权保护的环境中将更加尊重创意和知识产权，并将为广东文化贸易的可持续发展提供有力支撑。

3. 参加国际文化贸易规则的制定

参加国际文化贸易规则的制定，完善文化贸易的法律法规是提升广东文化贸易竞争力的重要策略。随着全球化的推进和文化产业的国际化趋势，广东作为中国重要的文化贸易中心和经济强省，应积极参与国际文化贸易规则的制定，并在其中争取和维护自身的权益。

首先，参与国际文化贸易规则的制定可以为广东争取话语权。广东在文化贸易领域具有丰富的经验和资源，参与国际文化贸易准则的制定，可以使广东在相关议题上发表主张和立场，充分表达自身利益诉求，确保广东的利益得到充分的尊重和保护。通过积极参与国际对话和协商，广东可以推动建立公平、公正的国际贸易环境，为本地文化产业的国际竞争提供有力支持。

其次，完善文化贸易的法律法规是提升广东文化贸易竞争力的关键。政府应加强对文化贸易领域法律法规的研究和制定，确保国内的法律体系与国际规则相衔接，为广东的文化贸易提供坚实的法律保障。这包括制定和完善知识产权保护法律、文化贸易合同法律等，以确保广东的文化产品和服务在国际贸易中得到合理的保护和利益分享。

再次，政府还应积极参与国际组织和机构，如 WTO、世界知识产权组织（World Intellectual Property Organization，WIPO）等组织的活动，以加强与其他国家和地区的合作与交流，推动国际文化贸易规则的发展和完善。通过与国际伙伴的合作，广东可以分享经验、学习先进经验，提升本地文化贸易的竞争力和影响力。

最后，广东还可以通过建立和加强国际文化贸易合作机制，与其他国家和地区建立更加紧密的文化贸易伙伴关系。通过开展文化交流、举办文化活动、促进文化产业投资合作等方式，加强与国际市场的互动和合作，提升广东文化贸易的国际竞争力。政府可以通过签订双边或多边合作协议、推动文化交流项目实施等方式，促进广东与其他国家和地区的文化贸易合作，为广东的文化贸易发展打开更广阔的空间。

综上所述，通过积极参与国际对话和协商，推动国际贸易环境的公平化和公正化；加强本地文化贸易法律法规的制定和完善，确保广东的文化产品和服务在国际贸易中得到合理保护；加强与国际组织和机构的合作与交流；建立和加强国际文化贸易合作。这些举措将为广东打造一个更加开放、公平、有序的国际贸易环境，促进广东文化贸易的可持续发展。

第二节　提升广东文化贸易竞争力的贸易发展对策

一、增大文化贸易占比，优化广东对外贸易结构

通过加大文化贸易比重来优化广东对外贸易结构，形成广东地区对外贸易的良性循环机制。对外贸易结构是一国或地区经济技术发展水平、产业结构状况、商品国际竞争能力、在国际分工和国际贸易中的地位等的综合反映。

1. 发展文化贸易有利于有形商品结构优化

UNCTAD（联合国贸易与发展会议）的统计数据库将文化创意产业分为四类，包括创意商品、创意服务、创意产业相关产品、创意产业相关服务。根据文化产业的产品分类，目前广东出口的文化产品主要集中在劳动密集型产业。虽然在广东文化产品的出口额前十位中，文化产品有珠宝首饰，针织或钩编的服装及衣着附件，非针织或非钩编的服装及衣着附件，玩具、游戏、运动用品及零附件占据了其中的四席，这四类都属于文化产品中的设计大类，产品分布过于集中，属于劳动密集型产业，体现了文化出口产品附加值不高的特点，而其他的文化商品和服务出口表现并不突出。因此，依托广东现有的经济发展基础，利用政策导向重点发展附加值高的文化产业，带动全体文化商品和服务在出口中所占比重，提升高附加值的文化商品出口比例，从而优化出口商品结构，提升整体贸易的国际竞争力。

2. 发展文化贸易有利于服务贸易结构优化

2022 年广东进出口总额已达到外贸进出口总值 8.31 万亿元人民币，广东服务贸易进出口总额为 2 300 亿美元。但货物贸易额和服务贸易额仍相差巨大，前者是后者的近 10 倍，要缩小这种差距，就需要大力发展文化贸易。例如，美国是世界上最大的文化服务出口国，早在 1996 年，美国的文化产品和服务（电影、音乐、电视节目、图书、杂志和计算机软件）就成为其最大的出口项目，首次超过传统产业的汽车业、农业、航空业和军工业。

发展文化贸易不仅可以提升服务贸易的比重，而且对贸易结构的影响更多地体现在对服务贸易质量的提升上。虽然广东服务贸易进出口总额每年都有增长，但是目前广东服务贸易主要依靠传统的服务行业，运输、旅游、建筑、劳务、商贸五大板块传统服务项目占全省服务贸易总的比例超过 70%，金融、保险、信息、专利技术、文化

创意等反映服务贸易核心竞争力的现代服务业贸易比例不足 10%，这给文化服务贸易的发展提供了很大空间。传统服务业的发展前景是有限的，以文化服务为代表的现代服务业的发展潜力是巨大的，而且其可以创造比传统服务业更大的利润和价值，因此针对传统服务贸易比例偏大的特点，广东重点布局发展的是文化服务产业，具体包括新闻服务、出版发行和版权服务、广播电视电影服务、文化艺术服务、网络及软件文化服务、文化休闲娱乐服务。这会对服务贸易的出口起到积极的调整作用，改变目前过度依赖于传统服务业的发展现状。

二、地区文化产业和贸易应均衡发展

文化相关财政预算支出方面，广东的文化产业发展在地区之间呈现不平衡趋势，存在珠三角地区支出较多，东西两翼和山区支出偏低的情况。珠三角地区为东西两翼和山区的 7.54 倍。珠三角地区占据了文化贸易发展的资源优势。实际上，粤东、粤西、粤北地区拥有丰富的特色资源和后发优势，东西两翼和山区拥有丰富的文化资源，包括客家文化、潮汕文化和广府文化等，针对性地引导发展区域性特色明显、发展前景广阔的文化产业，能改变目前省内文化贸易区域结构。粤东、粤西、粤北地区具体的文化优势包括：一是梅州“世界客都”和河源“中国客家文化古邑”两个文化品牌；二是富于时代特色的潮汕文化产业体系，即潮州音乐、潮州木雕、潮州菜、潮州功夫茶、潮剧、潮绣等具有丰富地方特色的历史文化元素的现代化运用；三是广东“北大门”丹霞和喀斯特地貌文化产业带；四是西江“母亲河”文化产业链的人文综合项目，将粤东、粤西、粤北地区的这些优势与现代产业相结合，推动文化项目、产品走出去，吸引外来资金和市场走进来，能平衡广东地区文化贸易发展水平；五是全域文明创建工程。以推动广州、深圳创建全国文明典范城市为引领，全面提升珠三角文明城市群建设水平，推动粤东、粤西、粤北地区文明城市创建提质扩面。深入推进城乡文明一体化，深化市县镇村“四级文明联创”，持续深化精神文明创建九大行动，积极开展具有行业和部门特点的创建活动。

三、形成广东文化贸易独特的比较优势，“垄断”国际市场

在当前的国际文化竞争中，文化贸易的国际竞争力已成为国家软实力的重要组成部分。为此，各国和地区采取措施利用自身的文化资源，发挥比较优势，提升文化产业的国际竞争力。例如，美国的文化产业体现了典型的规模经济效应，其电影产业已

形成了垄断竞争的格局。这里所指的垄断并非传统意义上的寡头垄断市场，而是指文化产品和服务凭借其自身特色在国际市场上占据优势地位。因此，文化企业必须具备某种程度的独特性，才能在市场上获得竞争优势，即通过提供独一无二的文化内容来实现垄断地位。编剧希望他们的作品被视为全新的创作，而不是简单地将旧有元素重新包装。政府支持发展重点文化企业，并鼓励其走向国际市场，正是为了推动文化产业的发展。文化企业的独特垄断优势源自产业的研发和创新。为了适应当前的创业浪潮，政府应提供宽松的创业融资环境，促进不同行业和领域之间的合作，加强产业链的上下游联系与创新，以增强垄断优势。

四、重点建设广东文化出口基地，形成文化贸易发展高地

在落实党中央和国务院的决策部署，推动文化强国建设，创新推进对外文化贸易发展的过程中，开展国家文化出口基地建设是商务部、中央宣传部等相关部门的重要举措。《中华人民共和国国民经济和社会发展第十四个五年规划和2035年远景目标纲要》专门部署了文化贸易发展，并明确要求加强国家文化出口基地建设。2018年，广东省广州市天河区成为首批挂牌国家级基地，2021年，广东省广州市番禺区成为第二批挂牌的国家级基地，两地在基地建设中积极出台通关便利化措施和相关政策，加大知识产权保护力度，支持引进高层次人才，并持续优化基地营商环境。

文化出口基地充分发挥资源禀赋优势，致力于构建畅通的文化出口产业链，大力发展数字文化贸易，创新文化贸易平台。基地还加大了对海外市场的开拓力度，集聚、示范和引领效应不断增强。特别是广东省广州市番禺区积极融入粤港澳大湾区建设，着重培育外向型文化企业，形成珠宝设计生产、灯光音响、动漫游艺等主要业态。其中，动漫游艺设备产业的产值已接近100亿元。这一创新发展实践充分证明了建设国家文化出口基地的重要性，它有利于推动对外文化贸易的高质量发展，有利于更好地推动中华文化走向世界，向全球呈现更多具有中国特色、体现中国精神、蕴藏中国智慧的优秀文化。同时，国家文化出口基地的建设也有助于提升中华文化的影响力和国家文化的软实力。通过这一建设，广东将成为文化贸易发展的高地，为广东文化产品走向国际市场提供坚实的支持，并促进中华文化的传播与传承。

第三节　提升广东文化贸易竞争力的数字化发展对策

一、全球数字经济发展方兴未艾

数字化发展提速，全球新基建跑出加速度。数字经济正在成为重组全球要素资源、重塑全球经济结构、改变全球竞争格局的关键力量。2021 年，全球 47 个主要经济体数字经济规模为 38.1 万亿美元（约 265.94 万亿元人民币），占 GDP 比例同比提升 1 个百分点。数字经济在全球经济中的地位逐步提升。数字基础设施是数字经济发展的基石，加强数字基础设施建设也得到了各国的普遍共识。截至 2022 年 1 月，美国已经建成 2 701 个数据中心，德国、英国和中国的数据中心数量也超过了 400 个。截至 2022 年 6 月底，全球已有 86 个国家和地区部署 220 多张 5G 商用网络，5G 用户数超 7.4 亿。全球数字经济规模不断扩大，成为重塑全球经济结构和竞争格局的关键力量。广东应积极抓住数字经济的发展机遇，加强数字基础设施建设，推动数字经济在文化贸易领域的深度应用。数字化时代对文化贸易特别是文化服务贸易具有天然优势，如动漫、网络游戏、影视等领域天生与数字技术结合紧密，为广东的文化贸易增长提供了新动能。

1. 数字技术的广泛应用

互联网、移动通信、人工智能、大数据、物联网、区块链等数字技术的迅猛发展和广泛应用，为数字经济的发展提供了技术基础和支持。这些技术正在改变各个行业的商业模式和运营方式，促进数字经济的蓬勃发展。

2. 数字化转型的推动

越来越多的企业和组织意识到数字化转型的重要性，并积极投入数字化转型的进程中。无论是传统行业还是新兴产业，都在积极探索和应用数字技术，以提高效率、降低成本、创新产品和服务，进而推动数字经济的快速增长。

3. 数字经济的全球化

数字经济具有跨越国界的特性，数字技术和互联网的普及使得全球范围内的数字交流、数字商务和数字服务得以快速发展。跨国企业和数字平台的兴起促进了全球数字经济的融合与发展，打破了传统经济的地域限制，为全球贸易合作提供了新的机遇。

4. 创新的商业模式和新兴产业的崛起

数字经济的发展催生了许多新的商业模式和新兴产业。共享经济、电子商务、在线教育、在线娱乐、数字支付、云计算等领域涌现了许多创新型企业和平台，推动了经济增长和就业机会的产生。

5. 政府政策的支持

各国政府纷纷制定和推动相关政策，以促进数字经济的发展。政府鼓励创新，支持科技企业和初创企业的发展，加强数字基础设施建设，培育数字人才，推动数字经济的良性循环和可持续发展。

总体来说，全球数字经济正处于快速发展的阶段，数字技术的广泛应用和数字化转型的推动使得数字经济具备了强大的发展动力。全球各国都在积极抓住数字经济发展的机遇，加强政策支持和创新创业，以推动经济的转型和升级，实现可持续发展。

二、文化贸易在现代社会具有天然的数字基因

文化贸易的核心内容包括文化产品和服务的交流、传播和交易，而这些过程在数字化时代不可避免地与数字技术相结合。

1. 数字内容创作和传播

数字化技术为文化内容的创作、制作和传播提供了全新的途径。艺术家、创作者和文化从业者可以借助数字工具和平台，创作出更多样化、多媒体的数字文化产品，如数字音乐、数字电影、数字艺术作品等。通过互联网和社交媒体等数字渠道，这些文化产品可以迅速传播到全球各地，触达更广泛的受众。

2. 数字化内容交易和授权

数字化技术为文化产品的交易和授权提供了便利和高效性。例如，数字版权管理和数字支付系统使得文化产品的购买和销售过程更加便捷，消除了地域和时间的限制。此外，区块链技术的应用使得版权保护和交易更加透明与可信，为文化贸易提供了更安全的环境。

3. 数字化文化体验

数字化技术改变了人们对文化的体验方式。虚拟现实和增强现实等技术使得文化体验可以更加沉浸、互动和个性化。通过对数字化平台的应用，人们可以参与虚拟展览、虚拟演出、在线游戏等数字化文化活动，这些活动拓宽了文化体验的边界。

4. 数据驱动的文化运营和营销

数字化时代的文化贸易越来越依赖数据的分析和运用。通过收集和分析用户数据，文化从业者可以更好地了解受众需求和偏好，精准地定位和推广文化产品。数据分析

还可以帮助文化企业进行市场预测、产品定价和销售策略的优化，并提高商业运营效率。

总而言之，文化贸易天然的带有数字基因，数字化技术为文化内容创作、传播、交易和体验提供了全新的可能性。广东作为文化贸易的重要省份，应积极抓住数字化发展机遇，充分发挥数字基因的优势，推动文化贸易的数字化转型和创新发展。

三、“数字化”培育文化贸易竞争新优势

《关于推进对外文化贸易高质量发展的意见》（以下简称《意见》）提出了积极发展数字文化贸易、加强数字文化内容建设和促进文娱模式的数字化开发。《意见》支持新型业态的发展，如数字艺术、云展览和沉浸式体验，并积极培育网络文学、网络视听、网络音乐、网络表演、网络游戏、数字电影、数字动漫、数字出版、线上演播、电子竞技等领域的出口竞争优势，以提升文化价值，打造具有国际影响力的中华文化符号。《意见》立足新发展阶段，贯彻新发展理念，加快构建新发展格局，充分把握数字化的发展环境，提出培育新的文化贸易竞争优势，提升文化贸易的数字化水平，鼓励数字文化平台的国际化发展，创新数字内容加工业务等，推动文化贸易的数字化进程，促进文化与科技的深度融合，推动传统行业的数字化转型，加快新模式和新业态的发展，激活文化贸易的创新发展新动能。数字化发展为广东的文化贸易带来了全新的竞争优势，为了充分利用数字化的机遇，广东需要采取相应的措施。

1. 推动数字文化内容建设

广东应加强数字文化内容的建设，包括数字艺术、云展览、沉浸式体验等新型业态。随着互联网、大数据、云计算、区块链、人工智能等新兴数字科技的应用，新概念如非同质化代币（None Fungible Token, NFT）、元宇宙等层出不穷，这些新技术的融入为文化贸易提供了更多创新可能。广东可借助数字科技优势，打造更多富有创意和艺术价值的数字化文化产品，拓展市场份额和国际影响力。

2. 培育数字化出口竞争优势

广东应积极培育网络文学、网络视听、网络音乐、网络表演、网络游戏、数字电影、数字动漫、数字出版、线上演播、电子竞技等领域的出口竞争优势。通过提升这些数字化文化产品的品质和创意，广东可以在全球市场上树立起自己独特的文化品牌，吸引更多海外受众，增加文化贸易的出口量。

3. 推进文化与科技深度融合

广东应推动文化与科技的深度融合，挖掘数字科技在文化贸易中的应用潜力。例如，利用人工智能技术进行内容推荐和个性化定制，通过大数据分析用户需求和趋势，提供更符合受众口味的文化产品和服务。同时，广东还可以探索区块链技术在版权保护和数字资产交易方面的应用，为文化贸易提供更高效、透明的运作模式。

4. 加快传统行业的数字化转型

广东应重视传统文化产业的数字化转型。例如，在传统手工艺品制作过程中引入数字技术，提高产品设计和制造的效率与质量，同时拓展线上销售渠道，实现传统文化产品的数字化推广和销售。此外，推动文化创意产业与信息技术、人工智能等领域的交叉融合，培育新的数字文化创意产业，为广东文化贸易注入新的活力和竞争力。

综上所述，数字化是提升广东文化贸易竞争力的重要对策。广东应充分利用数字化发展机遇，加强数字化基础设施建设，推动数字文化内容建设，培育数字化出口竞争优势，并促进文化与科技的深度融合。通过数字化转型，广东可以在全球文化贸易舞台上展现更强的实力和创新能力，打造具有国际影响力的中华文化符号。

第四节　提升广东文化贸易竞争力的文化产业发展对策

文化产业是文化贸易的主要内容供给方，它创造了大量的文化产品和服务，如电影、音乐、图书、游戏、设计、表演艺术等，这些都是文化贸易的主要商品。同时，成功的文化产业往往能够塑造有影响力的品牌，如好莱坞、迪士尼等。这些品牌可以提升文化产品和服务的附加值，增加文化贸易的吸引力。文化产业是创新的重要源泉，新的创意和技术不断推动文化产品与服务的更新换代，这有助于保持文化贸易的活力和竞争力，因此提升文化贸易竞争力离不开文化产业的支撑，需要更好地发展高质量的文化产业。

一、建立专业协会，提升广东文化贸易准入标准

建立专业协会是提升广东文化贸易竞争力的重要举措，通过协会的建立，可以加强对文化企业的监督管理，提高文化贸易准入标准，确保出口文化产品与服务的质量和合规性。

第一，专业协会可以扮演桥梁和纽带的角色，连接政府、企业和其他相关利益方。

政府部门在制定文化贸易准入标准时，可以充分倾听协会代表和从业者的意见与建议，确保准入标准的合理性和可行性。文化企业可以通过协会了解政策法规和准入标准的要求，规避风险，提升经营合规性。此外，专业协会还可以促进企业之间的交流与合作，推动行业共同发展。

第二，专业协会可以协助政府部门监管文化企业的经营行为和出口内容是否合规。专业协会可以设立专门的监督检查机构，对文化企业的资质和经营情况进行定期审核和抽查，发现问题及时提出整改建议，确保企业的合法合规运营。对于违规行为严重的企业，专业协会可以向相关政府部门举报，协助政府部门采取必要的行政处罚措施，维护整个文化贸易市场的健康有序。

第三，专业协会可以参与制定严格的文化贸易准入标准。通过协会代表的专业意见，可以确立更为科学合理的准入标准，将标准与国际接轨，提升广东文化产品和服务的竞争力与影响力。合理的准入标准可以筛选出真正具有创意和实力的企业，鼓励企业不断提升自身实力，同时也有助于提高整个广东文化产业的整体水平。

第四，专业协会可以提供培训和指导服务，帮助中小型文化企业提升经营管理水平。专业协会可以组织举办各种培训活动，涵盖文化创意、知识产权保护、市场营销等方面的知识和技能，帮助企业更好地应对市场挑战，提升自身竞争力。

第五，专业协会还可以代表广东文化贸易行业参与相关国际标准和规则的制定，提升广东文化贸易的国际认可度和竞争力。通过积极参与国际交流与合作，专业协会可以为广东文化贸易争取更多的机遇和资源，推动广东文化贸易行业的持续发展。

综上所述，建立专业协会是提升广东文化贸易竞争力的重要策略。专业协会的成立可以加强对文化企业的监督管理，提高文化贸易准入标准，促进行业健康发展，提升广东文化贸易的国际竞争力和形象。同时，专业协会还可以提供培训、指导和参与国际交流等服务，帮助企业提升实力，拓展市场，推动广东文化贸易行业的持续创新和发展。

二、优化广东文化产业链，提升文化出口附加值

优化广东文化产业链，提升文化出口附加值，是提升广东文化贸易竞争力的重要策略。通过向产业链上游转型和延伸产业链，广东文化贸易可以实现更高的附加值，提升产品的创新性和竞争力。

首先，向产业链上游转型是指在文化产品的设计和创意方面进行深入开发，打造原创的产品和服务设计。广东可以充分利用本地的文化资源和特色，将广东独有的元素融入产品设计中，以体现原创性和独特性。例如，将广东的传统艺术形式，如狮子舞、粤剧等融入产品设计，可以赋予产品更多的文化内涵，增加产品的吸引力和市场竞争力。此外，广东还可以鼓励文化企业进行技术创新，引入新兴科技，如虚拟现实、增强现实等，将科技与文化相结合，推出创新的数字文化产品和服务，提升附加值。

其次，延伸产业链是指在文化产品的销售和服务环节进行拓展，强化文化服务的售后保障。广东可以加强对不同出口国市场的研究，了解消费者的需求和文化背景，根据市场反馈及时调整产品设计和营销策略，提供更符合市场需求的定制化服务。例如，广东文化企业可以针对不同国家的广告设计服务，进行深入的市场调研，了解目标市场的审美偏好和文化习惯，提供与之匹配的设计方案，增加产品的市场适应性和用户满意度。此外，广东还可以发展文化创意产业的配套服务，如品牌推广、市场营销、版权保护等，为文化产品提供全方位的支持，提升整个产业链的附加值。

通过向产业链上游转型和延伸产业链，广东文化贸易可以实现从简单制造到创意设计，从产品销售到文化服务的全方位升级。这将为广东文化贸易赋予更高的附加值和竞争力，提升产品的创新性、差异性和市场适应性，从而在国际市场中获得更大的份额和影响力。同时，这也将促进广东文化产业的全面发展，推动经济转型升级和可持续发展。

三、推动广东文化和旅游业深度融合

推动广东文化和旅游业的深度融合，对于提升广东文化贸易竞争力具有重要意义。通过将文化产业与旅游业相结合，可以充分发挥两者的互动和互补效应，实现共同发展。

首先，广东可以加大对旅游业的投资，充分开发和利用文化旅游资源。广东作为一个历史文化底蕴丰富的地区，拥有众多具有独特魅力的文化景观和遗址，如广州陈家祠、岭南建筑群、潮汕文化村等，以及深圳华侨城、文化创意园等。政府可以加大对这些文化旅游景点的保护和改造力度，提升其设施和服务水平，同时积极开展宣传推广活动，吸引更多国家和地区的游客前来体验和参观。通过文化旅游的方式，游客可以更加深入地了解广东的历史文化，增加对广东文化产品的兴趣和认同，从而促进文化贸易的发展。

其次，广东可以推动文化和旅游业的全方位融合。除了传统的文化景点，广东还可以开发文化主题酒店、文化街区等新型文化旅游项目，为游客提供更加丰富多样的文化体验。例如，可以在旅游景区内设立文化展览馆、艺术工作室等，让游客参与到文化创意活动中，亲身感受广东文化的魅力。同时，可以在旅游线路中设置文化演出、传统手工艺品制作体验等，让游客在旅游的过程中获得更多的文化内涵和情感共鸣。这种全方位的融合将提升游客对广东文化的体验和认同，进而带动对广东文化产品的需求和购买，促进文化贸易的繁荣。

最后，广东可以加强国际文化交流和合作，提升广东文化在国际舞台上的影响力。通过与其他国家和地区的文化交流及合作，广东可以引进国外的创意理念和经验，拓宽广东文化的视野和创新能力。同时，广东也可以通过主办文化活动、举办国际文化交流展览等方式，向世界展示广东的独特魅力和文化成果。这种国际化的文化交流和合作将进一步提升广东文化在国际市场上的竞争力，为广东文化贸易的拓展和发展创造更加有利的环境。

综上所述，通过推动广东文化和旅游业的深度融合，可以提升广东文化贸易的竞争力。这不仅可以吸引更多的游客和文化消费者，增加文化贸易的规模和价值，还可以促进广东文化的传播和影响力，推动广东文化产业的创新和发展。同时，这种深度融合也将为广东提供更多的发展机遇和经济增长点，为广东的经济转型和可持续发展注入新的动力。

四、改进广东文化企业经营模式

企业的经营模式是指企业在运营和管理过程中所采取的策略与方法，以实现企业目标并在市场中取得竞争优势的方式。它包括企业的组织架构、市场营销、产品设计、供应链管理、品牌建设、国际市场拓展等方面的具体做法。

1. 保持对外投资稳定

广东文化企业应对贸易壁垒和外部风险保持敏感，并加强对国际贸易规则和出口国政策法规的了解。企业应建立健全风险评估机制，制定灵活的战略规划，以提高抗风险能力。同时，积极寻求与其他国家和地区的合作，拓展市场份额，降低对单一市场的依赖。

2. 创新产品设计

广东文化企业应将传统文化与现代社会消费趋势相结合，通过创新的产品设计提高竞争力。例如，可以借鉴博物馆等文化机构，从丰富的文物中提取设计灵感，打造独特的文化创意产品。以故宫文创系列产品为例，结合传统文化元素，将其融入现代设计中，创造出具有时尚和文化内涵的产品，吸引更多消费者的关注，刺激其购买欲望。

3. 做好市场研究

广东文化企业应深入了解贸易结构和消费趋势，通过市场研究来指导产品开发和市场定位。根据企业的实力和特长，选择主打产品领域，并投入相应的资源进行研发和生产。例如，对于技术实力强劲的企业，可以选择文化服务设计与出口，如游戏出口，以满足全球游戏市场的需求。

4. 考虑出口国（地区）文化背景

广东文化企业在出口业务中应考虑出口国（地区）的文化背景，并实施差异化策略。了解消费者的信仰、审美观念、消费习惯等因素，将这些因素融入产品设计和营销策略中，以提升产品在目标市场中的竞争力和接受度。通过定制化和个性化的产品设计，能够更好地满足消费者的需求，提升产品的市场占有率。

5. 建立品牌形象

广东文化企业应注重品牌建设，塑造独特的品牌形象和文化标识。通过有效的品牌推广和营销策略，提高产品和企业在市场中的知名度与认可度，建立起可信赖和具有良好口碑的品牌形象，能够增强消费者对产品的信任度，提高销售额和市场份额。

6. 建立合作网络

广东文化企业可以通过建立合作网络和产业联盟，加强与相关企业、文化机构、创意人才和研究机构的合作，共享资源、经验和创新能力，促进合作伙伴之间的互补和共同发展。这样的合作网络能够为企业提供更多的商机和创新动力，推动整个文化产业链的发展。

通过以上措施，广东文化企业可以在国际市场中提升竞争力。这些措施不仅有助于拓展市场份额，增加出口量和销售额，还能够提高产品的附加值和知名度，为广东文化贸易的可持续发展提供坚实的基础。

第五节 提升广东文化贸易竞争力的人才发展对策

未来文化贸易的人才需求，应在全球化视野下，立足于广东文化贸易实践的基本状况，从人才供求结合、专业化培养、企业社会协同需求等多方面推动文化贸易人才培养迈入新阶段，从而为广东文化贸易的繁荣奠定坚实的人才基础。

一、强化文化贸易人才培养的支撑作用

中国故事的讲述和高质量传播需要培养和储备一大批多层次、多学科、多样性的文化人才。文化贸易是最有效的国际传播，文化贸易高质量发展关键在人才。《意见》特别提出，支持高校加强文化贸易交叉学科专业的建设和人才培养，鼓励高校和企业创新合作模式，共建实训基地。加强对外文化贸易骨干人才的培训和创新型、应用型、国际化人才的培养，加快培育一批数字文化产业贸易创新人才；加强智库建设，发挥智库支撑作用，建设对外文化贸易研究基地；支持多渠道引进文化贸易、版权贸易人才。人才培养可持续发展才有可能支撑起文化贸易高质量发展。北京第二外国语学院在这一领域进行了长达二十年的实践探索，取得了一系列可复制的成功经验：一方面，创新人才培养模式，以需求导向构建交叉学科国际文化贸易人才储备与培养体系，教育教学创新形成开放性、包容性的专业定位，构建起跨专业、跨院校、跨领域、跨国界的高质量人才培养队伍；另一方面，重视和加强智库建设，文化贸易研究成果在服务国家战略、服务产业贸易等方面成效卓著。

二、多渠道培养文化贸易人才

多渠道培养人才是提升广东文化贸易竞争力的重要对策，可以通过以下方式展开。

1. 本地培训

广东可以通过本地培训机构、文化学院、艺术学校等，开展专业化的文化贸易人才培训项目。这些培训项目可以针对不同层次和领域的文化企业需求，提供相关知识和技能的培训，包括市场营销、国际贸易、版权管理、数字媒体等方面的专业知识。

2. 异地交流

广东可以与其他地区、国内外的文化产业园区、创意城市进行交流合作，推动人才流动和互通。通过组织文化企业的参观考察、行业交流会议、合作项目等，促进人才之间的交流与学习，提升广东文化贸易人才的专业水平和创新能力。

3. 国际引进

广东可以通过引进国际高级人才和专业团队，提升文化贸易的国际化水平和竞争力。广东可以通过签订合作协议、招聘国际人才、开展国际人才交流项目等方式，引

进具有丰富经验和专业知识的人才。这些人才可以带来先进的管理理念、市场洞察力和国际化视野，为广东文化贸易提供宝贵的支持和指导。

4. 建立人才库

广东可以建立文化贸易人才数据库，收集和整理各类文化贸易人才的信息，包括他们的专业背景、经验和技能等。这样可以在需要的时候，快速找到合适的人才，并进行人才匹配和资源配置，提高人才的利用效率和质量。

5. 采用“引进来、走出去”的方法

广东可以通过实施“引进来、走出去”的战略，即引进高级人才和国际化团队，同时鼓励他们参与国际文化贸易合作和项目，将他们的专业知识和经验应用于实际操作中。这样可以促进本地文化贸易人才与国际接轨，培养具有国际竞争力和影响力的人才。

通过多渠道培养人才，广东文化贸易可以获得更多的专业化和国际化人才支持，提高人才的素质和能力，从而增强广东文化贸易的竞争力。这些人才将为广东文化企业的创新发展、国际市场拓展和品牌建设等方面提供重要支持，推动广东文化贸易行业实现可持续发展。

三、建立和完善人才激励机制

建立和完善人才激励机制是提升广东文化贸易竞争力的重要对策。

1. 提供有竞争力的薪酬和福利

广东文化贸易企业可以制定具有竞争力的薪酬政策，根据人才的贡献和市场价值进行薪资激励。此外，提供完善的福利待遇，如医疗保险、住房补贴、带薪休假等，以吸引和留住优秀人才。

2. 良好的工作环境和职业发展机会

广东文化贸易企业应提供良好的工作环境，包括舒适的办公场所、先进的工作设施和技术支持等，为员工创造良好的工作氛围和条件。同时，为员工提供职业发展机会，制定完善的晋升渠道和培训计划，帮助他们不断提升专业能力和职业素养。

3. 事业激励和物质奖励

广东文化贸易企业可以设立事业激励制度，通过项目奖金、提成制度等激励措施，激发员工的工作积极性和创造力。此外，定期评选优秀员工，并给予物质奖励，如奖金、旅游福利等，以鼓励员工持续努力和优秀表现。

4. 情感关怀和人文关怀

广东文化贸易企业应重视员工的情感关怀和人文关怀，建立良好的员工关系和企业文化，可以开展员工关怀活动，如团建活动、员工生日会等，增强员工的归属感和凝聚力。同时，关注员工的个人发展和家庭需求，提供员工关怀服务，如子女教育支持、健康管理等，以提高员工的工作满意度和忠诚度。

5. 人才引进计划

广东可以制订人才引进计划，积极吸引国内外优秀的文化贸易人才，也可以通过提供创业支持、优惠政策、住房补贴等方式，吸引国内人才到广东从事文化贸易工作。同时，可以与国外知名高校、研究机构合作，引进国际化的人才，加强国际交流与合作，提升广东文化贸易的国际竞争力。

通过建立和完善人才激励机制，广东文化贸易企业能够吸引和留住优秀人才，提高员工的工作积极性和创造力，推动企业的创新发展和竞争力提升。同时，积极引进国内外的人才，增强文化贸易行业的专业化和国际化水平，促进广东文化贸易的可持续发展。

四、制订全面的人才培养计划

从全球范围内各国政府和城市的发展情况来看，文化贸易在各国都占据着重要地位，因此高校人才培养计划也需要与时俱进。英国在人才培养方面展示了高校、当地社区和政府之间紧密合作的优势，其理念超出了我们对西方国家的一般认知。目前，我国高校与许多地方政府的合作更多地具有志愿、义务和公益性质。然而，在英国的创意经济和创意产业发展过程中，高校表现出高度的参与性，积极参与地方的创意产业，包括主动承担后工业社会的责任和高度自觉的主人翁意识，这令人印象深刻。从过去十年的文化贸易发展来看，国家和社会对人才的需求越来越突出，高校必须承担起在这一历史进程中的责任。高校应积极参与文化贸易领域的人才培养，与地方政府和社会形成更紧密的合作，发挥自身的优势，为文化贸易的发展做出贡献。

1. 通过文化贸易相关的专业教育和研究机构开展人才培养

建立与文化贸易相关的专业教育和研究机构，加强对文化贸易人才的专业教育和技能培训，提高人才的专业水平和综合素质。广东可以在高等教育体系中设立专门的文化贸易学院、研究中心或相关部门，以提供专业化的教育和研究支持。这些机构承担培养文化贸易人才的责任，开展相关课程和研究项目，为文化贸易行业的发展提供专业化的支持和人才支持。

2. 加强对文化贸易人才的专业教育和技能培训

通过与高校合作，开设国际文化贸易、文化产业管理和其他专门的文化产业课程。这些课程应注重实践能力的培养，培养学生在文化贸易领域的专业知识和实践技能。此外，可以组织专业讲座、实习和实践项目，让学生深入了解文化贸易行业的实际操作和市场需求。

3. 建立产学研结合的合作机制

广东可以积极推动高校、文化贸易企业和研究机构之间的合作，建立产学研结合的合作机制。通过与行业企业的深度合作，将教育与实践相结合，培养学生具备实际应用能力和市场意识的人才。同时，鼓励教师和学生参与行业研究项目，提高研究水平和解决实际问题的能力。

4. 发展职业教育体系

广东可以依托现有的职业技术学校和培训机构，开设与文化贸易相关的职业教育课程。这些课程应针对行业需求和实际岗位要求，培养具备实际操作技能的文化贸易人才。例如，开设文化产品设计、市场营销等专业技能培训课程，提升人才的实际操作能力。

5. 加强国际交流与合作

广东可以积极与国际合作伙伴进行文化贸易领域的交流和合作。通过引进国际专家和学者、开展联合培养项目、组织国际交流活动等方式，提升广东文化贸易人才的国际化水平和竞争力。同时，广东还可以派遣本地人才到国外进行学习和交流，拓宽视野、提高综合素质。

综上所述，通过制订全面的人才培养计划，广东可以培养出一批既懂专业又能够进行管理的复合型人才，提高文化贸易人才的专业水平和综合素质。通过与高校、企业和研究机构的合作，建立产学研结合的合作机制，广东可以推动文化贸易人才的培养和实践能力的提升，进一步提升广东文化贸易的竞争力和国际化水平。

五、创新人才培养模式

创新人才培养模式是提升广东文化贸易竞争力的重要对策。

1. 企业联合学校进行人才培养

广东的文化贸易企业可以与高校建立合作关系，共同开展人才培养项目。通过与学校合作，企业可以参与课程设计、提供实践机会和实习岗位，让学生能够更好地了解行业需求和实际工作环境。同时，学校也可以根据企业的需求进行课程调整和改进，确保培养出符合行业要求的人才。

2. 实施“工学结合”的人才培养模式

广东的文化贸易企业可以与高校、职业院校等合作，实施“工学结合”的培养模式。通过与企业的合作实践，学生能够在实际工作中学习和锻炼，提升实际操作能力和解决问题的能力。企业可以提供实习岗位、技术培训和导师指导，帮助学生获得实际工作经验，更好地适应文化贸易行业的需求。

3. 优化人才结构，增强团队的多元化

广东的文化贸易企业应优化人才结构，增加对外语、信息技术、市场营销等方面人才的培养和引进。随着文化贸易的国际化和数字化发展，具备多语言能力、信息技术能力和市场营销能力的人才将具备竞争优势。企业可以通过招聘、培训和合作等方式引进和培养这些人才，确保团队的多元化和专业化。

4. 持续学习和发展的机会

广东的文化贸易企业应给员工提供持续学习和发展的机会，可以组织内部培训、外部培训和跨部门交流，让员工不断学习和成长，适应行业的变化和发展需求。此外，企业可以提供奖学金、资助学位进修等福利，鼓励员工进一步深造和提升自身的学历与专业水平。

5. 建立明确的职业发展路径

广东的文化贸易企业可以设立明确的职业发展路径，帮助员工规划自己的职业生涯。通过设立晋升、转岗、轮岗等机制，员工可以有机会在不同岗位上积累经验和发展自己的能力，每年预计有一定比例的员工获得职位晋升或转岗机会，从而激励员工努力工作和提升自己的综合素质。

通过创新人才培养模式，广东的文化贸易企业可以提升人才的专业水平和综合素质，增强团队的多元化和专业化，为企业的发展和竞争力提供有力支持。同时，给予员工持续学习和发展的机会，建立明确的职业发展路径，也可以激励员工的工作积极性和创造力，促进人才稳定和留住优秀人才。

参考文献

［1］KENNETH R A. The concept of corporate strategy［M］. Homewood, IL : Richard D. Irwin,1963.

［2］WAN J B. A study on evaluation model and measurement for international competitiveness of shipping industry［D］. Seoul: Chung-Ang University, 2013.

［3］OHLIN B G.Interregional and international trade［M］. Cambridge, Mass: Harvard University Press, 1933.

［4］IMD.The fundamentals and history of competitiveness［J］. IMD World Competitiveness Yearbook, 2011: 34–52.

［5］OECD.The international competitiveness of selected OECD countries : OECD Economic Outlook［R］.Paris : OECD, 1978.

［6］OREFICE G, SANTONI G. Exporting Creative and Cultural Products: Birthplace Diversity Matters［J］. World Economy, 2018, 41（7）: 1867–1887.

［7］Flibbert A J. Commerce in culture : states and markets in the world film trade［M］. New York : Palgrave Macmillan, 2007.

［8］WILDMAN S. International Trade in Films and Television Programs［M］. Cambridge: Ballinger, 1988.

［9］苏晨晨．中国文化服务贸易现状及影响因素分析［J］. 对外经贸，2020（3）：11–15.

［10］赵有广．中国文化产品对外贸易结构分析［J］. 国际贸易，2007（9）：31–38.

［11］邹宸．中国文化产品出口贸易现状及影响因素的实证研究［D］．上海：东华大学，2016.

［12］孙妙凝．基于钻石模型的中国文化服务贸易竞争力分析［J］. 中国商贸，2012（18）：192–193.

[13] 赵雅玲，申严博．中国文化产品贸易影响因素及贸易潜力的实证研究：基于跨国面板数据［J］．产业创新研究，2020（8）：5–8.

[14] 朱文静，顾江．文化贸易的产业结构变迁效应：基于我国1997—2008年数据的实证研究［J］．现代管理科学，2012（6）：15–17.

[15] 李墨丝．文化服务贸易文献综述［J］．世界贸易组织动态与研究，2010（3）：49–57.

[16] 柯锡奎．广东文化产业区域发展不平衡状况的缓解策略研究［J］．广西经济管理干部学院学报，2013（7）：45–51.

[17] 陈美华，陈东有．英国文化产业发展的成功经验及对中国的启示［J］．南昌大学学报（人文社会科学版），2012（9）：63–67.

[18] 王爽，张曙霄．中国文化贸易与经济增长关系的实证研究［J］．经济经纬，2014（4）：56–61.

[19] 王海文．我国文化贸易人才需求现状分析与展望［J］．中国大学教学，2017（1）：52–55.

[20] 李健．基于互联网电子商务营销的中国文化产业发展研究［D］．天津：天津大学，2012.

[21] 孙中有．美国文化产业［M］．北京：外语教学与研究出版社，2007.

[22] 陈忱．中外文化产业比较研究［J］．中国经贸导刊，2004（12）：19–20.

[23] 何树全．RCA指数在中国服务出口结构与比较优势分析中的应用［J］．世界贸易组织动态与研究，2007（11）：1–7，9–13.

[24] 张俊娟．中韩贸易结合度及互补性分析［J］．商业时代，2007（20）：37–38.

[25] 李小牧，李嘉珊．中国文化贸易人才培养：实践、困境与展望［J］．中国大学教学，2014（11）：56–60.

[26] 王江，陶磊，罗丹，等．“互联网+”对中国文化贸易创新发展的影响研究［J］．科技管理研究，2017（10）：228–232.

[27] 张文镔，李雅．中国文化贸易发展现状、存在问题及对策研究［J］．价格月刊，2017（5）：67–70.

[28] 罗艳．粤台文化贸易竞争力及影响因素比较分析［J］．嘉应学院学报，2016（4）：40–45.

[29] 罗艳．金砖国家创意产业贸易现状及竞争力比较分析：以中、印、俄、巴四国为

例［J］. 价格月刊，2013（8）：53-56.

［30］罗艳 . 我国文化贸易国际视野比较及潜力测算［J］. 商业时代，2014（5）：31-33.

［31］罗艳 . 发展文化产业对广东贸易结构的影响分析［J］. 经济论坛，2014（6）：22-25.

［32］罗艳 . 广州文化贸易发展 SWOT 分析［J］. 特区经济，2013（9）：36-38.

［33］吴德金 . 美国文化产业发展研究［D］. 长春：吉林大学，2015.

［34］李浩然 . 美国文化产业的发展经验及其启示［J］. 人民论坛，2020（1）：140-144.

［35］许欣 . 美国文化产业国际竞争力分析［D］. 长春：吉林大学，2021.

［36］聂辰席 . 企业竞争力评价方法及应用研究［D］. 天津：天津大学，2003.

［37］金碚 . 竞争力经济学［M］. 广州：广东经济出版社，2003.

［38］周松兰 . 中日韩制造业竞争力比较研究［M］. 武汉：武汉大学出版社，2007.

［39］樊纲 . 论竞争力：关于科技进步与经济效益关系的思考［J］. 管理世界，1998（3）：10-15.

［40］高希均，石滋宜 . 竞争力手册［M］. 台北：天下文化出版公司，1996.

［41］狄昂照 . 国际竞争力［M］. 北京：改革出版社，1992.

［42］焦瑾璞 . 中国银行业竞争力比较［M］. 北京：中国金融出版社，2002.

［43］李怀亮 . 国际文化贸易导论［M］. 北京：中国传媒大学出版社，2008.

［44］隋新，张永庆 . 创意产业研究理论述评［J］. 经济问题探索，2008（2）：22.

［45］曹麦，苗莉青 . 制度因素对中国文化产品出口的影响［J］. 生产力研究，2013（1）：69-71.

［46］方英，马芮 . 中国与“一带一路”沿线国家文化贸易潜力及影响因素：基于随机前沿引力模型的实证研究［J］. 世界经济研究，2018（1）：112-121.

［47］高志刚，梁江艳 . 中国与中西南亚国家贸易效率、潜力测算及其影响因素分析：基于随机前沿引力模型［J］. 价格月刊，2019（6）：30-37.

［48］皇甫涛 . 中国文化贸易高质量数字化发展研究［J］. 技术经济与管理研究，2021（10）：119-122.

［49］何传添，梁晓君，周燕萍 . 中国文化贸易发展现状、问题与对策建议［J］. 国际贸易，2022（1）：33-41.

[50] 李怀亮．国际文化贸易的影响因素研究［J］．国际贸易，2016（12）：39–34.

[51] 张佳琪，解学芳．中印文化创意产业比较［J］．中国国情国力，2019（4）：38–43.

[52] 张欣，王子泰，陈宇豪．中国与东盟国家文化产品贸易效率及潜力分析［J］．统计与决策，2019，35（13）：150–153.

[53] 詹君恒，吕庆华．影响中国创意产品出口"一带一路"国家的主要因素研究：基于贸易引力模型和面板数据的实证检验［J］．华侨大学学报（哲学社会科学版），2016（5）：101–110.

[54] 柳斌杰．大力开展版权贸易 推动中国文化创新发展走出去［J］．中国出版，2008（9）：5–8.

[55] 周升起，兰珍先．中国创意服务贸易及国际竞争力演进分析［J］．财贸经济，2012（1）：87–94.

[56] 周升起，吕蓉慧．我国文化产品贸易国际竞争力及其影响因素研究：基于供给需求视角［J］．价格月刊，2019（7）：51–59.

[57] 朱春奎．国外竞争力理论研究综述［J］．生产力研究，2004（1）：148–150.

[58] 卓俏青．中印文化创意产品贸易的互补性与竞争性分析［J］．现代传播，2014（7）：117–120.

[59] 曲如晓，韩丽丽．中国文化商品贸易影响因素的实证研究［J］．中国软科学，2010（11）：19–23.

[60] 邵军，吴晓怡，刘修岩．我国文化产品出口贸易联系持续期及影响因素分析［J］．世界经济文汇，2014（4）：36–47.

[61] 孟妮，刘昕．中国对外文化贸易"蓄能"高质量发展［N］．国际商报，2022–08–22.

[62] 田晖，孟彩霞．中国文化产品在六大经济走廊的贸易竞争力研究［J］．亚太经济，2019（2）：51–60.

[63] 涂远芬．中国文化产品贸易流量及出口潜力测算：基于引力模型的实证分析［J］．企业经济，2014（3）：106–110.

[64] 王传荣，付婷婷．中国文化贸易政策对文化产业竞争力的影响：基于双重差分法的经验分析［J］．山东财经大学学报，2019，31（2）：60–71.

[65] 许陈生，程娟．文化距离与中国文化创意产品出口［J］．国际经贸探索，2013，

29（11）：25-38.

[66] 许陈生，游芬．制度质量、制度距离与中国文化创意产品出口［J］．广东外语外贸大学学报，2014，25（4）：36-40.

[67] 范玉刚．发展文化贸易的国际视野与战略意识：以文化产业提质增效发展为视角［J］．学术探索，2017（8）：1-10.

[68] 张西平．近年来中国文化走出去的回顾与凝思［J］．文化软实力研究，2019（6）：19-28.

[69] 朱志勇．上海自贸试验区文化企业发展调查报告［J］．上海经济，2016（11）：41-55.

[70] 周升起，兰珍先．中国文化贸易研究进展述评［J］．国际贸易问题，2013（1）：117-130.

[71] 国务院．国务院关于加快发展对外文化贸易的意见（国发〔2014〕13 号）［EB/OL］．（2014-03-17）［2023-07-07］．https://www.gov.cn/zhengce/content/2014-03/17/content_8717.htm，

[72] 习近平：高举中国特色社会主义伟大旗帜 为全面建设社会主义现代化国家而团结奋斗：在中国共产党第二十次全国代表大会上的报告［EB/OL］．（2022-10-25）［2023-07-07］．https://www.gov.cn/xinwen/2022-10/25/content_5721685.htm.

[73] 习近平提出，推进文化自信自强，铸就社会主义文化新辉煌［EB/OL］．（2022-10-16）［2023-07-07］．https://www.gov.cn/xinwen/2022-10/16/content_5718819.htm.

[74] 韩永毅．新媒体时代下动漫文化内容转化与价值思考［J］．电影评介，2023（3）：95-100.

[75] 方慧，尚雅楠．基于动态钻石模型的中国文化贸易竞争力研究［J］．世界经济研究，2012（1）：44-50.

[76] 王慧新．后疫情时代对外文化贸易现状及对策［J］．青海金融，2023（5）：18-24.

[77] 金民卿．毛泽东对“两个结合”的贡献及其在新时代的升华［J］．毛泽东思想研究，2023（1）：1-11.

[78] 汪素芹，汪丽．京沪粤苏浙五省市文化贸易比较研究［J］．浙江树人大学学报（人文社会科学版），2015（1）：29-33.

[79] 顾江，陈鑫，郭新茹，等．“十四五”时期健全现代文化产业体系的逻辑框架与

战略路径［J］. 管理世界，2021（3）：9–18.
［80］陈雅芬．中国文化贸易国际竞争力及其影响因素研究［D］. 济南：山东财经大学，2021（5）20.
［81］赵利圆．自贡市政府推动文化贸易发展存在的问题及对策研究［D］. 成都：四川大学，2022.
［82］朱晓辉．文化贸易与上海经济转型发展的关系研究［D］. 杭州：浙江理工大学，2015.
［83］吕元白．我国文化产业集聚对文化贸易影响的实证研究［D］. 长沙：湖南大学，2016.
［84］王爽．中国文化贸易结构研究［D］. 长春：东北师范大学，2015.
［85］卢扬，韩昕媛．游戏行业竞争“质”者胜［N］. 北京商报，2022–07–22.
［86］田祖海．西方国际文化贸易的研究进展及其对我国的启示［J］. 国际贸易，2012：59–62.
［87］刘梦笑．我国文化服务贸易竞争力研究［D］. 北京：对外经济贸易大学，2016.
［88］李小牧，李嘉珊．国际文化贸易：关于概念的综述和辨析［J］. 国际贸易，2007：41–44.
［89］王晓芳．文化贸易理论文献综述［J］. 北京联合大学学报（人文社会科学版），2012（10）：92–98.
［90］张蹇．国际服务贸易与国际文化服务贸易之辨析［J］. 江南大学学报（人文社会科学版），2011（4）：70–76.
［91］张蹇．国际文化产品贸易公法研究［D］. 苏州：苏州大学，2010.
［92］李嘉珊．文化贸易在自由竞争与多样性保护下的发展博弈［J］. 国际贸易，2008：40–44.
［93］张时．我国文化贸易的国际竞争力及影响因素研究［D］. 苏州：苏州大学，2011.
［94］杨宇婷．在竞争与保护并存条件下中国文化贸易发展研究［D］. 哈尔滨：黑龙江大学，2010.
［95］蒋多，王海文．优化我国对外文化服务贸易统计制度的思路与方法［J］. 中国海洋大学学报（社会科学版），2014（9）：56–62.
［96］崔义真．中国与韩国文化贸易发展比较研究［D］. 哈尔滨：黑龙江大学，2013.
［97］吴晓雨．关于扩大文化贸易出口问题研究：以 H 省为例［J］. 现代商业，2015

（11）：20.

［98］邢启顺．西南民族文化贸易终端的问题及“走出去”路径透析［J］．云南民族大学学报（哲学社会科学版），2015（9）：101–106.

［99］段鸿济．创新时代中国发展对外文化贸易的政策选择［D］．太原：山西财经大学，2011.

［100］常燕军．见微知萌德融课堂：以“一带一路文化贸易”课程思政育人实践为例［J］．高教学刊，2021（4）18.

［101］赵继梅．提升我国文化产业国际竞争力的对策研究［D］．上海：上海外国语大学，2012.

［102］王思宇．韩国文化产业国际竞争力分析［D］．长春：吉林大学，2021.

［103］简超宗．浅析中国文化产业的国际竞争力：从波特钻石模型理论视角出发［J］．四川经济管理学院学报，2010（6）：76–80.

［104］黄文迁．中国文化贸易增长与结构研究［D］．上海：华东师范大学，2017.

［105］李小牧，李嘉珊，刘霞．我国对外文化贸易的发展变革与成就分析：2012—2021年［J］．国际贸易问题，2023（6）：52–67.

［106］杨逸．广东文化产业加“数”狂飙［N］．南方日报，2023–06–07.

［107］杨逸，周人果，黄堃媛，等．建成更高水平的文化和旅游强省［N］．南方日报，2021–11–27.

［108］杨逸，毕嘉琪，黄堃媛，等．“双创”焕活力 文旅添新彩［N］．南方日报，2022–01–10.

［109］张旭敏，黄秋生．论文化产业教育的基本特征［J］．中国成人教育，2017（3）：123–126.

［110］罗立兰，焦子宇．深圳南山区综合发展指数排名第一［N］．深圳特区报，2023–06–10.

［111］蒋述卓，郑焕钊．从文化产业到创意社会：广东文化产业发展对策研究［J］．探求，2016（5）：5–13,20.

［112］霍秀媚．新时代岭南文化的创新发展［J］．岭南学刊，2020（3）：124–130.

［113］樊继达．文化创意产业发展与区域经济转型：来自珠三角的观察［J］．经济研究参考，2012（7）：59–65.

［114］郭军，庄伟光．文化振兴战略下广东动漫文化产业创新［J］．发展改革理论与实

践，2018（5）：5-10.

［115］黄永林．党的十八大以来我国文化产业政策引导成效及未来方向［J］．人民论坛·学术前沿，2022（10）：72-82.

［116］王泽欣．中日影视贸易不均衡的原因分析和对策建议［D］．长春：吉林财经大学，2019.

［117］韩美群．当代西方文化产业区域发展模式评析［J］．国外社会科学，2009（11）：108-112.

［118］汪帅东．日本文化产业发展模式及路径研究［J］．东北亚外语研究，2018（9）：86-90.

［119］陈淑荣，施楠．博物馆资源与英国文化产业［J］．经济研究参考，2013（2）：74-76.

［120］冯其予．对外文化贸易当把握机遇［N］．经济日报，2022-08-19.

［121］胡文涛，林坚．简论日本文化产业的缘起与发展特征：一种文化民族主义的分析视角［J］．日本学刊，2011（1）：120-131.

［122］王欣．基于国际贸易分工条件下我国创意产业国际竞争力研究［D］．上海：东华大学，2014.

［123］徐曼．韩国文化产业竞争力影响因素研究［D］．延边：延边大学，2021.

［124］李丹丹．韩国文化产业贸易成功经验研究及对中国的启示［D］．石家庄：河北经贸大学，2013.

［125］赵政原．日本拓展文化产业的经验及对我国的启示［J］．世界经济与政治论坛，2008（10）：118-124.

［126］于苗苗，马永红．英国交叉学科人才培养模式对我国的启示：以数字媒体交叉学科为例［J］．中国高校科技，2021（2）：66-69.

［127］杨逸．广东文化产业加“数”狂飙［N］．南方日报，2023-06-07.

［128］罗立兰，焦子宇．深圳南山区综合发展指数排名第一［N］．深圳特区报，2023-06-10.

［129］综合篇：忠实践行“八八战略”奋力打造“重要窗口”［J］．政策瞭望，2022（5）：10-16.

［130］夏菁．浙江省第十四次党代会以来经济社会发展成就之综合篇［J］．统计科学与实践，2022（5）：11-16.

[131] 郝俊山. 北京城市虚拟形象 IP 的设计开发与应用研究[D]. 桂林：广西师范大学，2020.

[132] 陆遥，沈听雨. 两个数字，解码浙江文化[N]. 浙江日报，2023-05-31.

[133] 王美福，傅吉青. 从 10 大类民生指标与世界和全国的比较看浙江全面小康的“高水平”成色[J]. 统计科学与实践，2020（10）：4-8.

[134] 汪文正. 文化产品闪亮“出海”[N]. 人民日报海外版，2022-08-02.

[135] 意娜. 联合国《创意经济报告 2013》与中国的文化产业[J]. 福建论坛（人文社会科学版），2014（10）：63-71.

[136] 丁方元. 中国文化创意产品出口的影响因素研究[D]. 南京：南京财经大学，2021.

[137] 文化部. “十三五”时期文化产业发展规划[N]. 中国文化报，2017-04-20.

[138] 刘霞. 新时代中国文化贸易人才培养的路径探究[J]. 教育教学论坛，2022（10）：89-92.

[139] 冯其予. 对外文化贸易当把握机遇[N]. 经济日报，2022-08-19.

[140] 陈少铭. 中国对 RCEP 伙伴国文化产品出口效率及潜力：基于随机前沿引力模型[J]. 商业经济研究，2023（2）：140-144.

[141] 宾建成. 上海文化贸易发展的现状、问题与对策[J]. 湖湘论坛，2013（1）：65-70.

[142] 王海文. 新形势下中国对外文化贸易的困境与出路：基于中美视听服务案的剖析[J]. 国际经贸探索，2011（2）：40-45.

[143] 张莹莹. 广州加快文化创意产业发展的政策支持体系研究[D]. 广州：广州大学，2012.

[144] 朱文静，顾江. 我国文化贸易结构与贸易竞争力的实证分析[J]. 湖北经济学院学报，2010（3）：56-62.

[145] 顾丽姝. 中国对东盟新四国直接投资研究[D]. 大连：东北财经大学，2014.

[146] 美丽（TURSYNBAYEVAGAZIZA）. “一带一路”对哈萨克斯坦的经济影响分析[D]. 南京：南京大学，2018.

[147] 黄玉. 我国服务贸易的发展现状及竞争力研究[J]. 特区经济，2013（8）：201-202.

[148] 葛迪. 影响我国高技术产品贸易的相关因素分析[D]. 上海：上海师范大学，

2011.

[149] 拓晓瑞，左连村.基于增加值核算的我国出口产业竞争力分析［J］. 国际经贸探索，2015（6）：46-56.

[150] 李强.农业补贴对中国农产品国际竞争力的影响［J］. 改革与战略，2015（11）：100-103.

[151] 曹韵诗，曹新杰，董雅熙."一带一路"背景下我国旅游服务国际竞争力研究［J］. 当代经济，2018（7）：12-14.

[152] 卢倩.国际文化贸易的发展及中美文化贸易的对比分析［D］. 厦门：厦门大学，2008.

[153] 彭伟步.广东文化产业现状、问题与对策［J］. 暨南学报（哲学社会科学版），2011（7）：103-109.

[154] 李微.中美文化产业比较研究［D］. 重庆：重庆大学，2006.

[155] 李楠.中美文化贸易比较研究［D］. 长春：吉林大学，2010.

[156] 程坚军.对我国文化创意产业发展及人才培养的思考：以英国文化创意产业发展为例［J］. 中国广播电视学刊，2010（7）：62-64.

[157] 高长春，李智睿，严霜天.日本创意产业国际贸易竞争力分析［J］. 现代日本经济，2012（5）：53-59.

[158] 王岩.中日文化创意产品对外贸易的比较分析［J］. 对外经贸实务，2012（10）：84-85.

[159] 杨柏峰.中美国际文化贸易的比较分析［J］. 科技经济市场，2007（2）：110-112.

[160] 方英，魏婷，虞海侠.中日韩文化创意产品贸易竞争关系的实证分析［J］. 亚太经济，2012（3）：85-88.

[161] 陈月芳.加强文化建设增强我国的文化软实力［J］. 宿州学院学报，2010（1）：15-17.

[162] 赵政原.日本拓展文化产业的经验及对我国的启示［J］. 世界经济与政治论坛，2008（10）：118-124.

[163] 余军.美日韩三国文化产品出口的比较分析及对我国的启示［J］. 发展研究2012（10）：67-70.

[164] 徐曼.韩国文化产业竞争力影响因素研究［D］. 延边：延边大学，2021.

[165]李学军.我国发展文化产业的国际借鉴[J].中共四川省委党校学报，2014(11)：86-90.
[166]王琳.世纪之交韩国的文化立国国策及其战略转型[J].东北亚学刊，2012(5)：51-57.
[167]谢传仓.传统而外溢：日韩英文化产业的价值取向[J].贵州社会科学，2015(3)：98-105.
[168]王艳.文化与科技融合背景下河南文化产业发展对策研究[J].洛阳理工学院学报（社会科学版），2023(2)：54-57.
[169]秦宗财，方影.我国文化产业供给侧动力要素与结构性改革路径[J].江西社会科学，2017(9)：75-83.
[170]郭晓婧.基于“钻石模型”的中国文化服务贸易竞争力分析与评价：中国与部分国家文化服务贸易的对比分析[D].天津：天津工业大学，2018.
[171]吕蓉慧.中国文化贸易国际竞争力及影响因素实证研究[D].青岛：青岛大学，2020.
[172]郭群.中国文化产品贸易竞争力与影响因素分析[D].北京：首都经济贸易大学，2018
[173]徐绍元.习近平关于中国对外贸易论述研究[D].大连：大连海事大学，2022.
[174]方英.文化强国战略下我国数字文化贸易高质量发展研究[J].人民论坛，2022(10)：84-89.
[175]2014年发布《国务院关于加快发展对外文化贸易的意见》(国发〔2014〕13号)[EB/OL].(2014-03-14)[2023-07-07].https://www.gov.cn/xinwen/2014-03/19/content_2641861.htm.
[176]广东统计年鉴.(2022).广东：广东统计信息网[EB/OL].(2023-03-01)[2023-07-07].http://stats.gd.gov.cn/gdtjnj/content/post_4035145.html.
[177]北京市统计局，国家统计局北京调查总队.北京市2022年国民经济和社会发展统计公报[EB/OL].(2023-03-21)[2023-07-07].http://tjj.beijing.gov.cn/tjsj_31433/tjgb_31445/ndgb_31446/202303/t20230321_2940951.html.
[178]广东省统计局，国家统计局广东调查总队.2022年广东省国民经济和社会发展统计公报[EB/OL].(2023-03-31)[2023-07-07].http://stats.gd.gov.cn/tjgb/content/post_4146083.html.

[179] 江苏省统计局，国家统计局江苏调查总队. 2022 年江苏省国民经济和社会发展统计公报 [EB/OL].（2023-03-03）[2023-07-07]. http://www.jiangsu.gov.cn/art/2023/3/3/art_60095_10786933.html.

[180] 广东省统计局，国家统计局广东调查总队. 2021 年广东省国民经济和社会发展统计公报 [EB/OL].（2022-03-12）[2023-07-07]. http://stats.gd.gov.cn/gkmlpt/content/3/3836/mmpost_3836135.html.

[181] 浙江省统计局，国家统计局浙江调查总队. 2021 年浙江省国民经济和社会发展统计公报 [EB/OL].（2022-02-24）[2023-07-07]. http://tjj.zj.gov.cn/art/2022/2/24/art_1229129205_4883213.html.

[182] 浙江省统计局，国家统计局浙江调查总队. 2020 年浙江省国民经济和社会发展统计公报 [EB/OL].（2021-01-28）[2023-07-07]. http://tjj.zj.gov.cn/art/2021/2/28/art_1229129205_4524495.html.

[183] 浙江省统计局，国家统计局浙江调查总队. 2022 年浙江省国民经济和社会发展统计公报 [EB/OL].（2023-03-16）[2023-07-07]. http://tjj.zj.gov.cn/art/2023/3/16/art_1229129205_5080307.html.

[184] 上海市统计局，国家统计局上海调查总队. 2022 年上海市国民经济和社会发展统计公报 [EB/OL].（2023-03-22）[2023-07-07]. https://tjj.sh.gov.cn/tjgb/20230317/6bb2cf0811ab41eb8ae397c8f8577e00.html.

[185] 国务院办公厅关于推进对外贸易创新发展的实施意见 [EB/OL].（2020-11-09）[2023-07-07]. https://www.gov.cn/zhengce/content/2020-11/09/content_5559659.htm.